普通高等教育省级规划教材配套习题解析

统计学学习指导

‖ 第3版 ‖

刘竹林　岳朝龙　主编

中国科学技术大学出版社
·合　肥·

内容简介

本书为适应经济管理类各专业"统计学"课程教学需要而编写,内容与《统计学》(第3版)(刘竹林、江永红编著,中国科学技术大学出版社)同步,并与之配套使用。各章由"学习辅导"、"重点、难点释析"、"习题"、"习题答案"组成,内容取材均来源于作者多年教学心得和对学生学习状况的了解,通过对学生学习"统计学"课程中常见认识误区及重点、难点问题的分析解答及学生自己练习实践,提高学生分析问题、解决问题和知识创新的能力,为其走向事业成功奠定基础。

图书在版编目(CIP)数据

统计学学习指导/刘竹林,岳朝龙主编.—3版.—合肥:中国科学技术大学出版社,2014.10(2019.5重印)
ISBN 978-7-312-03605-7

Ⅰ.统⋯　Ⅱ.①刘⋯　②岳⋯　Ⅲ.统计学—高等学校—教学参考资料　Ⅳ.C8

中国版本图书馆 CIP 数据核字(2014)第 226850 号

出版	中国科学技术大学出版社 合肥市金寨路96号,230026 http://www.press.ustc.edu.cn https:；zgkxjsdxcbs.tmall.com
印刷	合肥市宏基印刷有限公司
发行	中国科学技术大学出版社
经销	全国新华书店
开本	710mm×960mm　1/16
印张	13.75
字数	262千
版次	2006年8月第1版　2014年10月第3版
印次	2019年5月第8次印刷
印数	33001—34500册
定价	26.00元

前　言

"统计学"是经济管理类专业的一门基础课,是一门关于方法论的科学。随着我国统计工作的逐步深入,学生在学习"统计学"的过程中,越来越深刻地体会到这门课程对于各行业进行统计分析的指导作用。学好这门课程,要求学生必须具备扎实的宏观经济学理论基础知识,必须理解有关统计数据,对统计分析的思路和方法具有一定深度的认识。在多年的教学过程中我们发现,恰恰是这些方面的要求,限制甚至阻碍了学生对这门课程的深入学习,也就大大影响了学生走上实际统计工作岗位对这门科学的应用和研究。有鉴于此,我们于2006年8月编写了《统计学学习指导》一书,此后于2008年9月修订再版。该书出版后受到广大读者的好评,取得了很好的社会效益。随着高校教育教学改革的不断深化,统计学领域的科学研究与知识创新成果不断涌现,为了保证教学内容的先进性和前瞻性,我们对"统计学"教材进行了再次修订。为此,与其配套使用的学习指导书也同步修订再版。

本书为普通高等教育"十一五"规划教材《统计学》(第3版)(刘竹林、江永红编著,中国科学技术大学出版社)的配套教材,各章由"学习辅导"、"重点、难点释析"、"习题"、"习题答案"等部分组成。各章开篇首先对《统计学》(第3版)教材的基本内容做了简要的总结,然后根据本科生和研究生学习这门课程时存在的问题,选择了一些重点、难点问题进行了解答或分析。为了帮助读者加深理解,各章编写了适量的习题并配备了参考答案,方便读者自学与检验教学效果,以提高其分析问题、解决问题和知识创新的能力。

本书由刘竹林、岳朝龙、余明江、刘家树、吴小华、董梅生、江海峰等共同编写,刘竹林、岳朝龙负责统稿总纂。尽管我们在编写过程中力求审慎,但疏漏之处在所难免,希望读者在使用过程中能够提出宝贵意见,以便以后再版时进一步充实内容、提高质量,使之更加适合教学和满足读者进一步深造的需要。

在本书编写过程中,我们参考了大量的文献、资料,同时还得到了编者所在单位领导和同事们的大力支持和帮助,李致平教授、洪功翔教授认真审阅了本书的编写大纲和内容,并且提出了许多宝贵的修改意见,在此一并表示衷心的感谢!

编 者

2014 年 6 月

目　　次

前　言	I
第一章　总论	1
第一部分　学习辅导	1
第二部分　重点、难点释析	5
第三部分　习题	5
第四部分　习题答案	12
第二章　统计调查	14
第一部分　学习辅导	14
第二部分　重点、难点释析	17
第三部分　习题	19
第四部分　习题答案	22
第三章　统计整理	25
第一部分　学习辅导	25
第二部分　重点、难点释析	33
第三部分　习题	35
第四部分　习题答案	40
第四章　统计指标	45
第一部分　学习辅导	45
第二部分　重点、难点释析	49
第三部分　习题	59
第四部分　习题答案	74

第五章 时间数列 … 88
第一部分 学习辅导 … 88
第二部分 重点、难点释析 … 96
第三部分 习题 … 101
第四部分 习题答案 … 110

第六章 统计指数 … 118
第一部分 学习辅导 … 118
第二部分 重点、难点释析 … 123
第三部分 习题 … 127
第四部分 习题答案 … 137

第七章 抽样推断 … 147
第一部分 学习辅导 … 147
第二部分 重点、难点释析 … 153
第三部分 习题 … 157
第四部分 习题答案 … 162

第八章 相关和回归分析 … 166
第一部分 学习辅导 … 166
第二部分 重点、难点释析 … 168
第三部分 习题 … 173
第四部分 习题答案 … 182

第九章 统计综合分析与统计分析报告 … 193
第一部分 学习辅导 … 193
第二部分 重点、难点释析 … 199
第三部分 习题 … 203
第四部分 习题答案 … 208

第一章 总 论

第一部分 学习辅导

一、本章学习目的与要求

(1) 了解统计学的产生和发展。
(2) 理解统计学的性质和任务。
(3) 掌握统计学的基本概念。
(4) 理解统计学的研究对象和研究方法。
(5) 掌握统计指标及统计指标体系对统计分析的意义。
(6) 了解统计职能与我国有关统计法规。

二、本章内容提要

(一) 统计学的产生和发展

统计是适应人类社会实践活动的需要而产生和发展起来的。17世纪中叶,英国经济学家威廉·配第写成并出版《政治算术》,标志着统计学的诞生。1662年,英国人约翰·格朗特出版了《关于死亡率的自然观察和政治观察》。配第和格朗特二人被称为统计学的创始人,他们所代表的学派被称为政治算术学派。

德国人海尔曼·康令在大学讲述国势学课程,哥廷根·阿亨瓦尔的《近代欧洲各国国势学概论》,标志着国势学派的产生与发展。

1850年,德国经济统计学家克尼斯《独立科学的统计学——关于统计学的理论和实际上纠纷的解决——同时即是关于阿亨瓦尔以来的统计学批判的历史》的一篇论文,提出国家论和统计学的分工。

19世纪中叶,阿道夫·凯特勒把古典概率引入统计学,创立了近代数理统计学,被称为"现代统计学之父"。

(二) 社会经济统计的研究对象

"统计"一词在不同的场合可以有不同的含义。统计有时指统计工作,即统计实践活动,是对社会经济现象的数量方面进行搜集、整理和分析的全过程;有时指统计资料,即通过统计工作过程所取得的各项数据资料和与之相关的其他实际资料;有时指统计科学,即关于认识客观现象数量特征和数量关系的原理、原则和方式、方法的科学。

统计的三种含义是密切联系的。统计工作和统计资料是统计活动和统计成果的关系,统计学和统计工作是理论和实践的关系。

1. 统计学的研究对象

统计学的研究对象是以自然、社会、经济和科技等领域大量确定性和随机性现象的数量方面作为自己的研究对象,其目的是通过现象的数量表现、数量特征和数量关系,综合考察总体现象的特征及其发展变化的规律。

2. 统计学研究对象的特点

社会经济统计学研究对象的特点可概括为:社会性,总体性,变异性。

(三) 统计工作过程及统计研究方法

1. 统计工作过程

统计工作过程所包括的环节有统计设计、统计调查、统计整理、统计分析、统计资料的提供与开发。

2. 统计研究方法

统计研究方法有大量观察法、统计分组法、综合指标法、统计模型法、归纳推断法。

(四) 国家统计的职能

国家统计兼有三种职能,即:信息职能、咨询职能、监督职能。

(五) 统计学的几个基本概念及相互关系

1. 统计总体与总体单位

统计总体是根据统计研究的任务目的所确定的研究事物的全体,是客观存在的具有共同性质的个体所构成的整体。

构成统计总体的个体单位称总体单位。

在一次特定范围、目的的统计研究中,统计总体与总体单位是不容混淆的,二者的含义是确切的,是包含与被包含的关系。但是随着统计研究任务、目的及范围的变化,统计总体和总体单位可以相互转化。

统计总体同时具有大量性、同质性、变异性等特点。大量性是指构成总体的总体单位数要足够地多,总体应由大量的总体单位所构成,大量性是对统计总体的基本要求;同质性是指总体中各单位至少有一个或一个以上的不变标志,即至少有一个具有某一共同标志表现的标志,使它们可以结合起来构成总体,同质性是构成统计总体的前提条件;变异性则是指总体中各单位至少有一个或一个以上的变异标志,即至少有一个不同标志表现的标志,作为所要研究问题的对象。变异性是统计研究的重点。

2. 标志与标志表现

标志是说明总体单位所共同具有的属性和特征的名称。标志有品质标志和数量标志之分。品质标志说明总体单位的属性特征,无法量化,如:职工的性别、文化程度,企业的经济成分,产品品牌等。数量标志说明总体单位的数量特征,能够量化,如:职工的工龄、工资水平、企业的职工数、总产值、总产量、劳动生产率等。

总体单位与统计标志是有区别的。总体单位是统计标志的直接承担者,是载体;统计标志依附于总体单位并说明总体单位的属性和特征。依附于某个总体单位的标志可以有多个。

标志表现即标志特征在各单位的具体表现。如果说标志是统计所要调查的项目,那么标志表现是调查所得结果,标志的实际体现。

标志表现有品质标志表现和数量标志表现之分。品质标志表现只能用文字表述,因此不能转化为统计指标,但对其对应的单位进行总计时就形成统计指标。数量标志表现是一具体数值,也称标志值。

就一个品质标志或数量标志而言,其具体表现可能多种多样,不能将标志与标志表现混为一谈。如对三个工人的月工资计算平均数,只能说是对三个标志表现或三个标志值(变量值)计算平均数,不能说对三个数量标志计算平均数,因为数量标志只有一个,即工人"月工资"。

3. 变异与变量

如果某一标志的具体表现在总体各单位相同,则称该标志为不变标志;如果某一标志的具体表现在各单位不尽相同,则称该标志为可变标志。可变标志的标志表现由一种状态变到另一种状态,统计上把这种现象或过程称变异。变异是一种普遍现象,有变异才有必要进行统计。

变异有属性变异和数量变异之分。属性变异表明质的差别,数量变异表明量的差别。

不变的数量标志称常量或参数。

可变的数量标志和所有的统计指标称变量。变量的数值表现称变量值,即标志值或指标值。

变量按其数值是否连续可分为连续性变量和离散性变量。连续性变量的数值是连续不断的,任意两个变量值之间可以做无数种分割,如:工业总产值、商品销售额、身高、体重等,既可用小数表示,也可用整数表示;离散变量的取值可以按一定次序一一列举,如工厂数、工人数、机器台数等,变量值通常用整数表示。

4. 统计指标和指标体系

统计指标是反映社会经济现象总体综合数量特征的科学概念或范畴。

正确理解统计指标时应注意:① 统计指标反映现象总体的数量特征;② 一个完整的统计指标应该由总体范围、时间、地点、指标数值和数值单位等内容构成。

统计指标和统计标志是一对既有明显区别又有密切联系的概念。二者的主要区别是:

(1) 指标是说明总体特征的,标志是说明总体单位特征的。

(2) 指标具有可量性,无论是数量指标还是质量指标,都能用数值表示,而标志则不一定。数量标志具有可量性,品质标志不具有可量性。

标志和指标的主要联系表现在:

(1) 指标值往往由数量标志值汇总而来。

(2) 在一定条件下,数量标志和指标存在着变换关系。

统计指标按其反映的数量特点不同可分为数量指标和质量指标。

数量指标是反映现象总规模水平或工作总量的指标,也称总量指标,一般通过数量标志值直接汇总而来,用绝对数表示,指标数值均有单位;质量指标是反映现象总体相对水平或工作质量的统计指标,又分为相对指标和平均指标,分别用相对数和平均数表示,它们通常是由两个总量指标对比派生出来的,反映现象之间内在联系和对比关系。

数量指标和质量指标的关系表现在:数量指标是计算质量指标的基础,质量指标往往是相应的数量指标进行对比的结果。

统计指标体系是各种互相联系的指标群构成的整体,用以说明所研究的社会经济现象各方面互相依从和互相制约的关系。一个指标的作用总是有限的,它只能反映现象总体的某一侧面,只有使用指标体系才能反映现象总体全貌。

统计指标体系大体上可分为基本统计指标体系和专题统计指标体系两大类。

第二部分　重点、难点释析

了解统计学的产生和发展过程是本章的重点内容。

从统计学的产生和发展过程来看，大致可以把统计学划分为古典统计学、近代统计学和现代统计学三个时期。

1. 古典统计学时期

（1）政治算术学派：主要代表人物是威廉·配第。代表作是《政治算术》。另一代表人物是约翰·格朗特，代表作为《关于死亡率的自然观察与政治观察》。政治算术学派无统计学之名，但有统计学之实。

（2）国势学派：创始人是德国海尔曼·康令和哥廷根·阿亨瓦尔。阿亨瓦尔则继承和发展了康令的思想，为"国势学"创造了一个新的德文词汇"statistikc"，即"统计学"。

2. 近代统计学时期

从18世纪末到19世纪末的一百多年时期。

（1）数理统计学派：代表人物是法国数学家拉普拉斯和比利时统计学家凯特勒。其中，阿道夫·凯特勒在19世纪中叶把古典概率引入统计学，创立了近代数理统计学，被称为"现代统计学之父"。

（2）社会统计学派：代表人物有统计学家恩格尔和梅尔。

3. 现代统计学时期

从20世纪初到现在，统计学已步入现代统计学阶段。主要特征：

（1）统计理论和方法不断得到完善和深化。

（2）计算机的使用和统计软件的问世强化了统计计算手段。

（3）通用方法科学的属性更加突出。

第三部分　习　　题

一、单项选择题

1. 社会经济统计是（　　）的有力工具。
   A. 解决问题　　　B. 克服困难　　　C. 进行交流　　　D. 认识社会
2. 从历史上看，在社会经济统计学的形成过程中，首先使用"统计学"这一术语的是（　　）。
　　A. 政治算术学派　　　　　　B. 国势学派
　　C. 数理统计学派　　　　　　D. 社会经济统计学派
3. 在统计学的形成和发展过程中，首先将古典概率论引入社会经济现象研究的学者是（　　）。
　　A. 阿道夫·凯特勒　　　　　B. 威廉·配第
　　C. 约翰·格朗特　　　　　　D. 海尔曼·康令
4. 社会经济统计学是一门（　　）。
　　A. 自然科学　　　　　　　　B. 方法论科学
　　C. 实质性方法论科学　　　　D. 实质性科学
5. 在确定统计总体时必须注意（　　）。
　　A. 构成总体的单位，必须是同质的
　　B. 构成总体的单位，必须是不同的
　　C. 构成总体的单位，不能有差异
　　D. 构成总体的单位，必须是不相干的单位
6. 社会经济统计的研究对象是（　　）。
　　A. 抽象的数量关系
　　B. 社会经济现象的规律性
　　C. 社会经济现象的数量方面
　　D. 社会经济统计认识过程的规律和方法
7. 某城市工业企业未安装设备普查，总体单位是（　　）。
　　A. 工业企业全部未安装设备　　B. 工业企业每一台未安装设备
　　C. 每个工业企业的未安装设备　　D. 每一个工业企业
8. 标志是指（　　）。
　　A. 总体单位的特征和属性的名称
　　B. 总体单位数量特征
　　C. 标志名称之后所表现的属性或数值
　　D. 总体单位所具有的特征
9. 一个统计总体（　　）。
　　A. 只能有一个标志　　　　　B. 只能有一个指标
　　C. 可以有多个标志　　　　　D. 可以有多个指标
10. 统计指标按其反映总体现象内容的特征不同，可分为（　　）。
　　A. 客观指标和主观指标　　　B. 数量指标和质量指标

C. 时期指标和时点指标　　　　D. 实体指标和行为指标

11. 对某市多所高等学校的科研院所进行调查,统计总体是(　　)。
    A. 该市所有的高等学校　　　　B. 该市一高等学校科研院所
    C. 该市一高等学校　　　　　　D. 该市所有高等学校科研院所

12. 要了解某市国有工业企业生产设备情况,则统计总体是(　　)。
    A. 该市全部国有工业企业
    B. 该市每一个国有工业企业
    C. 该市国有工业企业的全部生产设备
    D. 该市国有工业企业的每一台生产设备

13. 现有200个公司全部职工每个人的工资资料,如要调查这200个公司职工的工资水平情况,则统计总体为(　　)。
    A. 200个公司的全部职工　　　B. 200个公司
    C. 200个公司职工的全部工资　D. 200个公司每个职工的工资

14. 指出下列哪个是数量标志。(　　)
    A. 月工资　　　B. 学历　　　C. 健康状况　　　D. 性别

15. 某企业职工人数为1200人,这里的"职工人数1200人"是(　　)。
    A. 标志　　　B. 变量　　　C. 指标　　　D. 标志值

16. 某班四名学生统计学考试成绩分别为70分、80分、86分和95分,这四个数字是(　　)。
    A. 标志　　　B. 标志值　　　C. 指标　　　D. 变量

17. 工业企业的职工人数、职工工资是(　　)。
    A. 连续型变量
    B. 离散型变量
    C. 前者是连续型变量,后者是离散型变量
    D. 前者是离散型变量,后者是连续型变量

18. 标志是说明总体单位特征的名称,标志有数量标志和品质标志,因此(　　)。
    A. 标志值有两大类:品质标志值和数量标志值
    B. 品质标志才有标志值
    C. 数量标志才有标志值
    D. 品质标志和数量标志都具有标志值

19. 指标是说明总体特征的,标志是说明总体单位特征的,所以(　　)。
    A. 标志和指标之间的关系是固定不变的

B. 标志和指标之间的关系是可以变化的

C. 标志和指标都是可以用数值表示的

D. 只有指标才可以用数值表示

20. 下列哪个是质量指标？（　　）
   A. 工资总额　　　　　　　　B. 平均工资
   C. 国民收入　　　　　　　　D. 粮食总产量

21. 以产品的等级来评价某产品的质量，则产品等级是（　　）。
   A. 数量指标　　　　　　　　B. 品质标志
   C. 数量标志　　　　　　　　D. 质量标志

22. 工业设备台数、产品产量是（　　）。
   A. 连续变量
   B. 离散变量
   C. 前者是连续变量，后者是离散变量
   D. 前者是离散变量，后者是连续变量

23. 对某地区工业企业职工收入情况进行调查，统计总体是（　　）。
   A. 每个工业企业
   B. 该地区全部工业企业
   C. 每个工业企业的全部职工
   D. 该地区全部工业企业的全部职工

24. 在全国人口普查中，（　　）。
   A. 男性是品质标志　　　　　　B. 人的年龄是变量
   C. 人口的平均寿命是数量标志　D. 全国人口是统计标志

25. 某机床厂要统计该企业生产的自动机床的产品产量和产值，上述的两个变量（　　）。
   A. 均为离散变量　　　　　　B. 均为连续变量
   C. 前者是连续变量，后者是离散变量
   D. 前者是离散变量，后者是连续变量

26. 下列指标中属于质量指标的有（　　）。
   A. 总产值　　B. 合格率　　C. 总成本　　D. 人口数

27. 在统计调查阶段所采用的基本方法是（　　）。
   A. 统计模型法　　　　　　　B. 大量观察法
   C. 统计分组法　　　　　　　D. 综合指标法

28. 统计研究客观现象的数量特征的前提是总体存在（　　）。

  A. 大量性   B. 同质性   C. 差异性   D. 数量性

29. 以样本调查结果来推断总体数量特征,运用到的方法是( )。
  A. 演绎推理法   B. 概率估计法
  C. 数学分析法   D. 主观判断法

30. 下列标志中,属于不变标志的是( )。
  A. 某高校的学生性别   B. 某企业的职工年龄
  C. 某学校的教师收入   D. 某政府机构的职员职业

二、多项选择题

1. 下列哪些是社会经济统计的理论和方法论基础?( )
  A. 马克思主义哲学   B. 马克思主义政治经济学
  C. 数学   D. 概率论   E. 科学社会主义

2. 统计的基本方法包括( )。
  A. 大量观察法   B. 综合分析法   C. 统计分组法
  D. 归纳推断法   E. 指标体系法

3. 统计总体的基本特征表现在( )。
  A. 客观性   B. 数量性   C. 大量性
  D. 同质性   E. 差异性

4. 要了解某地区全部成年人口的就业情况,那么( )。
  A. 全部成年人是研究的总体
  B. 成年人口总数是统计指标
  C. 成年人口就业率是统计标志
  D. "职业"是每个人的特征,"职业"是数量指标
  E. 某人职业是"教师",这里的"教师"是标志表现

5. 国家统计系统的功能或统计的职能是( )。
  A. 信息职能   B. 咨询职能   C. 监督职能
  D. 决策职能   E. 协调职能

6. 下列统计指标中,属于质量指标的有( )。
  A. 工资总额   B. 单位产品成本   C. 出勤人数
  D. 人口密度   E. 合格品率

7. 我国统计调查的方法有( )。
  A. 统计报表   B. 普查   C. 抽样调查
  D. 重点调查   E. 典型调查

8. 在工业设备普查中,( )。
   A. 工业企业是调查对象
   B. 工业企业的全部设备是调查对象
   C. 每台设备是填报单位
   D. 每台设备是调查单位
   E. 每个工业企业是填报单位

9. 对某市工业生产进行调查,得到以下资料,其中的统计指标是( )。
   A. 某企业为亏损企业   B. 实际产值为 1.1 亿元
   C. 职工人数为 10 万人   D. 某企业资金利税率为 30%
   E. 机器台数为 750 台

10. 设某地区五家全民所有制企业的工业总产值分别为 25 万元,22 万元,40 万元,33 万元和 65 万元,则( )。
    A. "全民所有制"是每个企业的品质标志
    B. "工业总产值"是每个企业的数量标志
    C. "工业总产值"是个变量
    D. "工业总产值"是每个企业的统计指标
    E. 25,22,40,33 和 65 这几个数字是变量值

11. 某商场 800 名职工的每个人的工资资料中,( )。
    A. 职工工资总额是统计指标   B. 800 名职工是总体单位
    C. 有 800 个标志值   D. 职工工资是统计标志
    E. 该商场工资总额等于 800 人乘以其平均工资

12. 在全国人口普查当中,( )。
    A. 每个人是总体单位   B. 男性是品质标志
    C. 年龄是数量标志   D. 人口平均寿命是数量标志
    E. 全国人口数是数量总体

13. 下列研究问题中所确定的个体有( )。
    A. 研究某地区工业企业的规模时,个体是每个工业企业
    B. 研究某地区粮食收获率时,个体是每一公顷播种面积
    C. 研究货币购买力时,个体是每元货币
    D. 研究某种农产品价格时,个体可以是每千克农产品
    E. 确定某商店的销售额,个体是每一次销售行为

14. 下列变量属于离散变量的有( )。
    A. 机床台数   B. 学生人数   C. 耕地面积

D. 粮食产量　　 E. 汽车产量
15. 总体、个体、标志、指标这几个概念之间的相互关系表现为（　　）。
    A. 没有个体就没有总体，个体也离不开总体而独立存在
    B. 个体是标志的承担者
    C. 统计指标的数值来源于标志
    D. 指标是说明总体特征的，标志是说明个体特征的
    E. 指标和标志都能用数值表现
16. 下列各项中，属于统计指标的是（　　）。
    A. 我国2013年的国内生产总值　　B. 某同学该学期平均成绩
    C. 某地区出生人口数　　　　　　D. 某市工业劳动生产率
    E. 某企业全部工人劳动生产率
17. 统计的含义包括（　　）。
    A. 统计资料　　B. 统计指标　　C. 统计工作
    D. 统计科学　　E. 统计调查
18. 统计模型的基本要素是（　　）。
    A. 变量　　　　B. 数学方程　　C. 模型参数
    D. 时间条件　　E. 空间条件
19. 统计指标包括对要素有（　　）。
    A. 指标名称　　B. 时空限制　　C. 计算方法
    D. 计量单位　　E. 指标数值
20. 在统计发展史上，主要的统计学派有（　　）
    A. 政治算术学派　B. 国势学派　　C. 记述学派
    D. 数理统计学派　E. 社会统计学派

三、简答题

1. 统计的含义有哪些？它们的关系如何？
2. 品质标志和数量标志有什么区别？
3. 什么是统计指标？统计指标和标志有什么区别和联系？
4. 如何理解统计指标的特点？
5. 变量如何分类？
6. 怎样区分变量与变量值？
7. 什么是确定性变量和随机变量？试举例说明。
8. 什么是描述统计学和推断统计学？

第四部分 习题答案

一、单项选择题

1. D 2. B 3. A 4. C 5. A 6. C 7. B 8. A 9. D
10. B 11. D 12. C 13. A 14. A 15. C 16. B 17. D 18. C
19. B 20. B 21. B 22. D 23. D 24. B 25. D 26. B 27. B
28. B 29. B 30. D

二、多项选择题

1. AB 2. ABCD 3. ACDE 4. ABE 5. ABC
6. BDE 7. ABCDE 8. BDE 9. BCE 10. BCE
11. ACDE 12. AC 13. ABCD 14. ABE 15. ABCD
16. ACDE 17. ACD 18. ABC 19. ABCDE 20. ABCDE

三、简答题

1. 统计有三种含义,分别是统计资料、统计工作和统计学。统计资料是经过观察、调查得到的各种具有价值的数字资料;统计工作是对各种统计数据资料进行搜集、整理、推断和分析的活动过程;统计学即指导统计工作的理论和方法,是关于统计数据资料的搜集、整理和推断的科学。统计工作与统计资料是统计活动与统计成果的关系,统计工作与统计学则是统计实践与统计理论的关系。

2. 品质标志表明总体单位属性方面的特征,其标志表现只能用文字来表现;数量标志表明总体单位数量方面的特征,其标志表现可以用数值表示,即标志值。

3. 统计指标是反映社会经济现象总体综合数量特征的科学概念或范畴。统计指标反映现象总体的数量特征;一个完整的统计指标应该由总体范围、时间、地点、指标数值和数值单位等内容构成。统计指标和统计标志是一对既有明显区别又有密切联系的概念。

二者的主要区别是:指标是说明总体特征的,标志是说明总体单位特征的;指标具有可量性,无论是数量指标还是质量指标,都能用数值表示,而标志不一定。数量标志具有可量性,品质标志不具有可量性。

标志和指标的主要联系表现在:指标值往往由数量标志值汇总而来;在一定条件下,数量标志和指标存在着变换关系。

统计指标和统计标志是一对既有明显区别又有密切联系的概念。

4. 统计指标的特点：

（1）数量性（可量性）。一方面，指标所概括的社会经济现象可以用数量来度量；另一方面，指标可以用数学方法来进行加工处理。

（2）综合性。第一，指标反映的是总体的综合数量特征，其数值是通过综合的手段得到的，或是大量单位数的总计，或是大量标志值的综合；第二，指标反映的是抽象掉个别事物间差异后得到的事物的一般数量特征。

（3）具体性。指标反映的是社会经济现象在一定时间、一定地点、一定条件下的具体的数量特征和数量关系，有具体的社会经济内容，而不是抽象的数字。

5. 变量按变量值的分布状况分为连续型变量和离散型变量。连续型变量取值可带小数点，一般用测量或计算的方法取得，如工资、身高；离散型变量通常只能取整数，一般用计数的方法取得，如工人数、机器数。

变量按性质的不同可分为确定性变量和随机变量。确定性变量的取值具有趋势性；这种趋势是由某种决定性因素影响作用的结果，如一国的国内生产总值。随机变量的变动没有一个确定的方向，原因是由于影响因素较多，没有一个起决定性作用的因素，如零件的直径。

6. 可变的数量标志和指标叫变量。如年龄、工龄、工资、产量、销售额等都是变量。变量的具体取值叫变量值，年龄为 17 岁、18 岁、19 岁。这里"年龄"为变量，17 岁、18 岁、19 岁为变量值。

7. 变量按其所受影响因素不同可以分为确定性变量和随机性变量。确定性变量是指受确定性因素影响的变量，其影响因素是明确的、可解释的和可人为控制的，从而变量值的变化方向和程度是可确定的，例如，企业职工工资总额受职工人数和平均工资两个确定性因素的影响。随机性变量是指受随机因素影响的变量，其影响因素是不确定的、偶然的，变量值的变化方向和程度是不确定的。例如，农作物产量的高低受水分、气温、光照等多种不确定因素的影响，因而其结果也是不确定的。

8. 描述统计学是指能提供各种真实描述所研究现象数量特征和数量关系的理论和方法，其主要功能是对观察到的数据进行汇总、分类和计算，并用表格、图形和综合指标的方式来加以显示。推断统计学是能提供以样本的观测结果来估计总体参数或作出各种假设检验的理论和方法，其主要功能是在随机性和概率论的基础上对事物的不确定性作出推断。描述统计学与推断统计学合在一起就构成了完整的统计学，前者是基础，后者是其深入和发展，相辅相成，相互联系。

第二章 统计调查

第一部分 学习辅导

一、本章学习目的与要求

(1) 理解统计调查的概念和种类。
(2) 掌握统计调查的方案及其内容。
(3) 重点掌握统计调查的各种组织形式。
(4) 理解统计调查误差的形成。

二、本章内容提要

（一）统计调查的概念和种类

1. 统计调查的概念

所谓统计调查，就是搜集统计资料，即根据一定目的、要求和任务，运用各种科学的调查方法，有计划、有组织地搜集有关现象的各个单位的资料，对客观事实进行登记，取得真实可靠的统计资料的工作过程。

2. 统计调查搜集资料的来源

一种为对被调查单位未做任何加工整理的原始资料，又称为初级资料；另一种是次级资料或称为二手资料，是指已经过整理加工，由个体过渡到总体，能够在一定程度上说明总体现象的统计资料。

3. 统计调查的要求

(1) 准确性。就是如实反映客观实际，这是保证统计资料质量的首要环节，准确性是统计工作的生命。
(2) 及时性。就是要严格按照调查方案中规定的调查时间，完成各项调查资料的搜集和上报任务。

（3）完整性。是指调查单位不重复、不遗漏，所列调查项目的资料搜集齐全。

4. 统计调查的种类

统计调查的分类如图 2.1 所示。

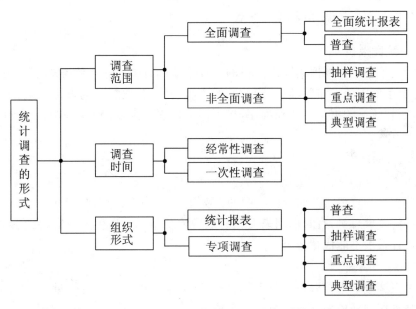

图 2.1

以上是从不同角度对统计调查所做的分类，一项调查可以分属不同的分类。各种分类相互交叉，使统计调查的方式呈现多样化。

（二）统计调查方案

一份完整的调查方案，是有计划、有组织地进行调查的前提，是顺利完成调查的保证。内容主要包括以下几方面：

（1）确定调查目的，就是要明确统计调查要解决什么问题，是设计调查方案的首要工作。

（2）确定调查对象和调查单位，就是要解决向谁调查、由谁来具体提供统计资料的问题。

（3）确定调查项目与调查表，确定调查项目就是解决向调查单位调查什么的问题。调查表是将调查项目按一定顺序排列起来形成的表格。调查表一般有表头、表体、表脚三个组成部分。从形式上看,调查表有一览表和单一表两种。

（4）确定调查时间和调查期限,调查时间指调查资料所属的时间。调查期限是进行调查工作的时限。

（5）制订调查工作的组织实施计划。

（三）统计调查组织形式

1. 统计报表

统计报表是我国搜集统计资料的一种重要的方式。它是依据国家相关法律法规,自上而下统一布置,以一定的原始资料为依据,按统一的表格形式、统一的指标项目、统一的报送时间和程序,自下而上地逐级定期提供基本统计资料的一种调查方式。

2. 专项调查

1）普查

普查是为特定目的而专门组织的一次性的全面调查,用来搜集一定时点上的社会经济现象总量,有时也用来搜集时期现象总量,如:出生人口数、死亡人口数等。统计报表不能代替普查。

2）重点调查

重点调查是指在调查对象中,只选一部分重点单位进行的一种非全面调查。它反映被研究现象的基本情况和基本趋势。

重点单位,是着眼于经济现象的量方面而言的,尽管这些单位在全部单位中只是一部分,但是它们在所研究现象的标志总量中却占较大的比重,在总体中的地位是举足轻重的。

3）典型调查

典型调查是一种专门组织的非全面调查,它是根据统计调查目的和任务,在对所研究的对象进行初步分析的基础上,有意识地选取若干具有代表性的单位进行调查研究,借以认识现象总体发展变化的规律。

4）抽样调查

抽样调查是按随机原则从调查对象中抽取一部分单位作为样本进行观察,再根据样本资料,对调查对象进行有一定可靠程度的推算的一种非全面调查。

3. 各种统计调查方法结合运用

每种统计调查方法都有优越性和局限性,而且具有各自的应用条件和适用场合。另一方面,社会经济是复杂多变的,要搜集社会经济现象中的各种统计资料,只用一种统计调查方法是很难完成的,也不能较好地反映社会经济现象的真实情况。因此,在统计实践工作中,必须根据具体的调查目的和调查对象的特点及性质结合运用不同的调查方式方法。

(四)统计调查误差

统计调查误差是指统计调查得到的结果与客观实际数量之间存在的差别。

根据误差产生的原因不同,统计误差可以分为登记性误差和代表性误差。其中,代表性误差也有两种情况,一种是系统性误差,另一种是随机性误差,又叫抽样误差,如图2.2所示。

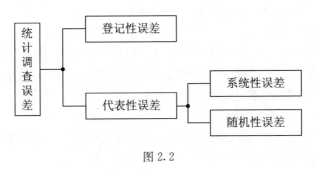

图 2.2

第二部分 重点、难点释析

一、统计调查种类

从多角度划分统计调查种类,特别是对分类标志要重点理解。

比如,普查根据不同的划分标准属于不同的种类,依据组织方式划分,普查是专项调查;依据时间是否连续划分,普查是一次性调查,等等。

【例2.1】 (单项选择)统计调查按其组织方式不同,可分为( )。

A. 经常性调查和一次性调查　　B. 全面调查和抽样调查、典型调查

C. 统计报表和专项调查　　　　D. 定期调查和不定期调查

【分析】 本题主要是考察学生对统计调查划分种类的了解,要注意各种划分依据。本题答案应选C。

二、统计调查方案中有关概念的了解和区分

(1)调查目的。是表示某一项调查要解决的根本问题。

(2) 调查对象。是需要调查的社会经济现象的总体,是统计总体在统计调查中的体现。

(3) 调查单位。是调查对象中所需要调查的具体单位,是调查项目的直接承担者,它可能是全部总体单位,也可能是总体单位的一部分。

(4) 调查项目。是调查单位的特征或标志,包括品质标志和数量标志。

(5) 填报单位。是负责向上报告调查内容的企业、事业单位或个人等。

在区分几个要素的基本概念的基础上,可以概括出它们之间的关系:

明确调查目的就是要明确统计调查要解决什么问题,它是设计调查方案的首要工作。调查目的决定向谁调查、调查什么、采取什么方式调查。即调查目的决定调查对象和调查单位,也决定调查项目和填报单位。

调查对象和调查单位在一次调查中是包含和被包含的关系。调查对象是整体,调查单位是个体。确定调查对象就是要确定总体的范围,划清其界限。确定调查单位,就是在调查过程中,明确登记谁的具体标志,即明确调查标志的直接承担者。确定填报单位,就是明确由谁负责提交统计资料。在调查中,调查单位和填报单位有时一致,有时也不一致。

确定调查项目,就是解决向调查单位调查什么的问题。调查项目来源于调查单位,它与调查目的和调查对象有着密切的关系。

三、调查方式

根据具体的经济现象分析采用合适的调查方式,这要求对经济现象进行分析,也要充分了解调查方式的特点、适用场合。

【例 2.2】 (多项选择)我国人口资料的调查,主要采用(　　)。

　　A. 普查　　　　B. 典型调查　　　C. 抽样调查　　　D. 重点调查

【分析】 对于人口这种现象,不适宜采用重点调查,因为对于重点调查要求总体有重点单位;也不适合用典型调查,而统计报表只作为大致了解人口资料的辅助工具。所以对于要获得人口现象这样的时点资料,我国主要采用十年一度的人口普查和五年一度的人口抽样调查来完成,例如,2000 年 11 月 1 日、2010 年 11 月 1 日我国进行的第五次、第六次人口普查,2005 年 11 月 1 日进行的 1% 人口抽样调查。所以本题答案是 A、C。

【例 2.3】 对我国几家特大型钢铁企业进行调查,借此了解全国钢铁生产的基本情况。适合采用(　　)调查方式。

　　A. 普查　　　　B. 典型调查　　　C. 抽样调查　　　D. 重点调查

【分析】 对于调查几家特大型钢铁企业,借以了解全国钢铁企业生产的情

第二章 统计调查

况,满足重点调查的特点和适用场合。重点调查是指在调查对象中,只选一部分重点单位进行的一种非全面调查。它反映被研究现象的基本情况和基本趋势。几家特大型钢铁企业在全部钢铁企业中只是一部分,但它们在所研究现象的标志总量中却占较大的比重,在总体中的地位是举足轻重的。所以本题答案应该选择 D。

四、重点调查、典型调查和抽样调查的区别与联系

要重点掌握重点调查、典型调查和抽样调查的区别与联系。这三者都属于专项组织的非全面调查,它们各自的特点、意义、适用场合都不相同。它们的区别概括为:① 调查单位的选取方法不同;② 研究目的不同;③ 适用的场合不同;④ 推断总体的可靠程度不同。

第三部分 习 题

一、单项选择题

1. 下列属于经常性调查的是( )。
   A. 每十年进行一次的人口普查
   B. 对某品牌的手机市场占有率的调查
   C. 对某企业的库存的盘点
   D. 商业企业按月报送的销售额

2. 下列属于全面调查的是( )。
   A. 对一批产品质量进行抽测
   B. 对工业设备的普查
   C. 抽选一部分单位对已有资料进行复查
   D. 调查几大彩电厂商,借此了解全国彩电的生产情况

3. 普查是一种专项调查,是对调查对象的( )进行观察登记。
   A. 全部单位　　　　　　B. 一部分单位
   C. 选择典型单位　　　　D. 一部分重点单位

4. 统计调查分为一次性调查和经常性调查,是根据( )。
   A. 是否定期进行　　　　B. 组织方式不同
   C. 是否调查全部单位　　D. 时间是否连续

5. 统计报表是( )。

A. 全面调查   B. 非全面调查
  C. 全面或非全面调查   D. 一次性调查

6. 工业企业未安装设备普查,调查单位是( )。
  A. 工业企业全部未安装设备
  B. 工业企业每一台未安装设备
  C. 每个工业企业的未安装设备
  D. 每一个工业

7. 某市工业企业 2012 年生产经营成果年报呈报时间规定在 2013 年 1 月 31 日,则调查期限为( )。
  A. 一日   B. 一个月
  C. 一年   D. 一年零一个月

8. 调查时间的含义是( )。
  A. 调查资料所属的时间   B. 进行调查的时间
  C. 调查工作期限   D. 调查资料报送的时间

9. 下列调查属于重点调查的是( )。
  A. 对全国几大石油企业进行调查,并借此理解全国石油生产的基本情况
  B. 对商业企业的库存情况进行普查
  C. 对一批产品进行抽测
  D. 抽选一部分单位对已有的资料进行复查

10. 重点调查中重点单位是指( )。
  A. 标志总量在总体中占有很大比重的单位
  B. 具有典型意义或代表性的单位
  C. 那些具有反映事物属性差异的品质标志的单位
  D. 能用以推算总体标志总量的单位

11. 下列调查中,调查单位与填报单位一致的是( )。
  A. 企业设备调查   B. 人口普查
  C. 农村耕地调查   D. 工业企业现状调查

12. 非全面调查中最完善、最有科学根据的调查方式是( )。
  A. 非全面统计报表   B. 重点调查
  C. 典型调查   D. 抽样调查

13. 调查项目的直接承担者是( )。
  A. 调查对象   B. 调查单位
  C. 填报单位   D. 填报对象

14. 统计调查方案的核心部分是( )。
    A. 调查项目   B. 调查对象
    C. 调查单位   D. 调查表
15. 重点调查的重点单位是指( )。
    A. 这些单位的单位总量占总体单位总量的比重很大
    B. 标志值很大
    C. 这些单位的标志总量占总体标志总量的比重很大
    D. 在社会中的重点单位或部门
16. 在全面调查中不会出现的误差是( )。
    A. 登记性误差   B. 代表性误差
    C. 测量误差   D. 计算误差

二、多项选择题

1. 人口普查属于( )。
    A. 全面调查   B. 非全面调查   C. 一次性调查
    D. 经常性调查   E. 专项调查
2. 在工业设备普查中,下列说法正确的有( )。
    A. 工业企业是调查对象
    B. 工业企业的全部设备是调查对象
    C. 每台设备是填报单位
    D. 每台设备是调查单位
    E. 每个工业企业是填报单位
3. 对灯管的寿命进行检验要求应采取( )。
    A. 全面调查   B. 非全面调查   C. 重点调查
    D. 典型调查   E. 抽样调查
4. 统计调查的组织形式有( )。
    A. 统计报表   B. 重点调查   C. 专题调查
    D. 专项调查   E. 抽样调查
5. 属于非全面统计调查的有( )。
    A. 全面统计报表 B. 抽样调查   C. 全国经济普查
    D. 典型调查   E. 重点调查
6. 下列属于统计调查收集统计资料的方法有( )。
    A. 大量观察法   B. 统计描述法   C. 直接观察法

D. 报告法　　　　　E. 采访法

7. 代表性误差可能产生于(　)。

　A. 普查中　　　　B. 重点调查中　　　C. 抽样调查中

　D. 典型调查中　　E. 全面统计报表中

8. 调查表从形式上看可分为(　)。

　A. 日报表　　　　B. 月报表　　　　　C. 一览表

　D. 单一表　　　　E. 年报表

9. 调查表有哪几种形式(　)。

　A. 表头　　　　　B. 表体　　　　　　C. 一览表

　D. 单一表　　　　E. 月报表

10. 第六次全国人口普查中,(　)。

　A. 每一个人是一个调查单位

　B. 每一户是一个调查对象

　C. 填报单位是每户家庭

　D. 每一个人是一个填报单位

　E. 全国所有人口是调查对象

三、简答题

1. 什么是统计调查？它在整个统计研究过程中占有什么地位？
2. 统计调查从不同角度可以划分哪些种类？
3. 为什么要设计统计调查方案？一个完整的统计调查方案应该包括哪些内容？
4. 调查对象、调查单位和填报单位有什么关系？试举例说明。
5. 什么是重点调查,它适用于什么场合？
6. 为什么要将各种调查方式结合运用？
7. 典型调查、重点调查和抽样调查有何异同点？
8. 统计调查误差有哪几种？应如何防止或尽量减少调查误差？

第四部分　习题答案

一、单项选择题

1. D　2. B　3. A　4. D　5. C　6. B　7. B　8. A

9. A   10. A   11. D   12. D   13. B   14. D   15. C   16. B

二、多项选择题

1. ACE   2. BDE   3. BE   4. AD   5. BDE
6. CDE   7. BCD   8. CD   9. CD   10. ACE

三、简答题

1. 所谓统计调查,就是搜集统计资料,即根据一定目的、要求和任务,运用各种科学的调查方法,有计划、有组织地搜集有关现象的各个单位的资料,对客观事实进行登记,取得真实可靠的统计资料的工作过程。

统计调查在统计中的地位:统计调查在统计工作的整个过程中是基础环节,担负着提供基础资料的任务,所有的统计计算和统计研究,都是在原始资料搜集的基础上建立起来的。统计调查是统计工作的基础,是统计整理、统计分析的前提。

2. 统计调查可以依据不同的划分标准,从不同角度进行分类。① 按调查对象包括范围的不同,可以分为全面调查和非全面调查;② 按时间是否连续,可以分为经常性调查和一次性调查;③ 按组织方式的不同,可以分为统计报表和专项调查;④ 按搜集资料方法的不同,可以分为直接观察法、采访法、报告法、问卷调查法和卫星遥感法。

3. 统计调查是一种复杂而又要求细致的工作。一个规模大的调查,涉及的人员广、项目多,耗资也大,如果没有完整的计划、严密的组织是不能完成的,因此,在统计调查之前,要设计出科学的调查方案,从而可以顺利地完成调查工作,取得准确、及时、完整的调查资料。一个完整的统计调查方案应该包括如下内容:① 确定调查目的;② 确定调查对象和调查单位;③ 确定调查项目与调查表;④ 确定调查时间和调查期限,调查时间指调查资料所属的时间,调查期限是进行调查工作的时限;⑤ 制订调查工作的组织实施计划。

4. 调查单位和填报单位的区别:① 概念上,调查单位是调查对象中所需要调查的具体单位,是调查项目的直接承担者,它可能是全部总体单位,也可能是总体单位的一部分。填报单位是负责向上报告调查内容的企业、事业单位或个人等。② 确定调查单位,就是在调查过程中,明确登记谁的具体标志,即明确调查标志的直接承担者。确定填报单位,就是明确由谁负责提交统计资料。

调查单位和填报单位的联系:在调查中,调查单位和填报单位有时一致,有时也不一致。例如,在工业企业普查中,二者是一致的,都是每个工业企业;而在全国工业企业设备普查中,调查单位是工业企业的每台设备,而报告单位是每个工业企业。

5. 重点调查是指在调查对象中,只选一部分重点单位进行的一种非全面调查。它反映被研究现象的基本情况和基本趋势。

适用场合:重点调查的调查任务是为了掌握总体的基本情况,而且调查对象中确实存在重点单位,它们能比较集中地从数量上反映总体的基本情况。

6. 任何一种统计调查方法都有优越性和局限性,从而具有各自的应用条件和适用场合。同时,整个社会经济是由多方面、多部门组成的,各种情况十分复杂,要搜集社会经济现象中各种统计资料,只用一种统计调查方法是很难完成的,也不能较好地反映社会经济现象的真实情况。因此,在统计实践工作中,必须根据具体的调查目的和调查对象的特点及性质结合运用不同的调查方式方法。

7. 重点调查、典型调查和抽样调查的区别与联系:这三者都属于专项组织的非全面调查,它们各自的特点、意义、适用场合都不相同。它们的区别概括起来为:① 调查单位的选取方法不同;② 研究目的不同;③ 适用的场合不同;④ 推断总体的可靠程度不同。

8. 统计调查误差是指统计调查得到的结果与客观实际数量之间存在的差别。根据误差产生的原因不同,统计误差可以分为登记误差和代表性误差。其中代表性误差也有两种情况,一种是系统性误差,另一种是随机性误差,又叫抽样误差。

为了取得准确的统计资料,必须采取各种措施,防止可能发生的登记误差,把它缩小到最低限度。

(1) 要正确制订统计调查方案,详细说明调查项目和计算方法,选择合理的调查方法。

(2) 要切实抓好调查方案的执行工作,才能防止或尽量减少调查误差。

第三章 统计整理

第一部分 学习辅导

一、本章学习目的与要求

(1) 了解统计整理的概念和基本步骤。
(2) 理解统计分组的意义、作用和方法。
(3) 掌握变量数列的分类以及变量数列编制的基本方法和理论。
(4) 了解统计表的构成、种类和编制统计表的规则。

二、本章内容提要

(一) 统计整理的概念、意义和程序

1. 统计整理的概念

统计整理,是指根据统计研究目的和任务的要求,对统计调查阶段所搜集到的各项原始资料进行科学的分类和汇总,为统计分析提供准确、系统、条理清晰、能在一定程度上反映总体特征的综合资料的工作过程。从广义上讲,这项工作也包括对次级资料进行的再加工。

2. 统计整理的意义

统计整理,是统计工作过程中的第三个阶段,是实现统计研究的一个重要环节。一是因为统计调查阶段搜集的资料都是零星分散的,只能反映总体单位的个体特征,不能反映研究对象的总体情况。只有通过统计整理,对这些原始资料进行科学的分类、汇总,去粗取精,去伪存真,综合概括,才能取得综合反映总体数量特征的数据资料。二是因为即使统计调查搜集的资料十分丰富、正确和详尽,如果统计整理使用方法不当,可能使丰富的材料失去其价值,也不可能进行科学的

分析,因而难以得出满意的分析结果。由此可见,统计整理是统计调查的继续,也是统计分析的前提和基础条件,它具有承上启下的作用,成为人们对社会经济现象从感性认识上升到理性认识的过渡阶段。同时,统计整理质量如何,会直接影响统计分析的效果。

3. 统计整理的程序

统计整理一般要经过以下程序:

(1) 制订统计整理方案。

(2) 对统计资料进行审核。

(3) 对统计资料进行分组和汇总。

(4) 编制统计图表。

(5) 进行统计资料汇编,系统地积累历史资料,以备需要时查用。

(二) 统计整理的技术和组织形式

1. 统计整理的组织形式

统计整理的组织形式主要有三种:逐级汇总、集中汇总、综合汇总。

1) 逐级汇总

逐级汇总,就是按照一定的统计管理体制,自下而上逐级地汇总调查资料。

2) 集中汇总

集中汇总,就是将全部调查资料集中到一个统计部门(一般为最高一级统计部门)进行一次性汇总。

3) 综合汇总

综合汇总,是将逐级汇总和集中汇总结合起来的一种组织形式,即将各部门、各地区所需要的最基本的统计指标实行逐级汇总,同时又将全部原始资料实行集中汇总。这种做法兼有上面两种汇总方法的优点,但不足之处是浪费人力、物力、财力。

2. 统计整理的技术

统计整理的技术分为两种:手工汇总和计算机汇总。随着计算机的广泛使用,现在主要使用电子计算机对统计资料进行整理。

利用电子计算机汇总,大致有以下几个步骤:① 选择计算机软件或自编程序;② 编码;③ 数据录入;④ 数据编辑;⑤ 计算与制表。

（三）统计分组的概念和作用

1. 统计分组的概念

统计分组，就是根据统计研究的目的，按照一定的标志将总体划分为若干个性质不同的部分的一种统计方法。统计分组同时具有两个方面的含义：对总体而言是"分"，即将整体划分为性质相异的若干部分；对总体单位而言是"合"，即将性质相同的总体单位合并到同一组。这样，对于作为分组标准的标志而言，组与组之间具有差别性，而同一组内的单位保持相对的同质性。

通过统计分组，以便对总体所有单位在质量上、数量上、空间上存在的差异进行分析，进一步认识事物的本质特征及其发展变化的规律性。

2. 统计分组的作用

（1）区分社会经济现象的类型。

（2）研究总体的内部结构及其变化。

（3）探讨现象之间的依存关系。

（四）统计分组的原则和方法

1. 统计分组的原则

统计分组，在逻辑上要遵循"穷尽"和"互斥"的原则。

所谓穷尽，即总体内的每个单位都能找到各自所属的组。这样就要求分组以后的各子项（划分以后的组）之和应等于母项（需划分的总体）。所谓互斥，就是各个组的范围应该互不相容、互相排斥。即每个总体单位在特定的分组标志下只能归属于某一组。

2. 统计分组的方法

1) 分组标志的选择

统计分组的关键在于正确选择分组的标志和划分各组界限。如果分组标志选择不当，分组结果就难以正确反映总体特征；如果各组界限划分不清，就难免会失去分组的意义。

一般来说，统计分组必须遵循以下基本原则：① 根据研究的目的与任务，选择分组标志；② 要选择能够反映现象本质特征的标志；③ 考虑现象所处的历史条件及经济条件，选择分组标志。

2) 按品质标志和数量标志分组

分组标志按其性质可以分为品质标志和数量标志两类。统计总体可以按品质标志分组,也可以按数量标志分组。按品质标志分组也就是按事物的性质、属性分组。按数量标志分组,就是将事物数量的多少作为分组标志的分组。

3) 简单分组与分组体系

简单分组,是指对总体只按一个标志进行分组。统计分组体系,就是根据统计分析的要求,通过对同一总体进行多种不同分组而形成的一种相互联系、相互补充,并从多方面反映总体内部关系的体系。分组体系包括平行分组体系和复合分组体系。

(1) 平行分组体系。对同一总体同时选择两个或者两个以上的标志分别进行简单分组,然后再并列在一起就形成了平行分组体系。平行分组体系的特点是,每一分组只能固定一个因素对差异的影响,而不能固定其他因素对差异的影响。

(2) 复合分组体系。对同一总体选择两个或两个以上的标志层叠进行分组,形成复合分组体系。

复合分组体系的特点是,第一次分组只固定一个因素对差异的影响,第二次分组同时固定两个因素对差异的影响,依此类推。在选择分组标志时,要注意它们的主次顺序。

(五) 统计再分组

在利用次级资料进行统计研究时,有时资料的分组显得不科学、不合理,或者原分组不能适合分析研究的目的需要,这时需要对原分组资料重新进行再分组,在再分组时,需要按比例进行调整有关数据。统计再分组有两种方法:一种是按原来的分组标志,但改变组距及各组界限,据此计算各新组次数;另一种是变换分组标志,重新分组并计算各组次数。

(六) 次数分布的概念

在统计分组基础上,将总体单位按类归并,形成了总体单位在各组间的分布,称之为次数分布或频数分布,分布于各组的单位数叫次数,又称频数。各组次数与总次数之比叫频率,又称比率。分别将组别与次数或频率按一定的顺序排列所形成的数列叫分布数列。

根据分组标志性质不同,分布数列可分为品质分布数列与变量分布数列。按品质标志分组形成的分布数列称为品质分布数列,简称品质数列。按数量标志分组形成的分布数列称为变量分布数列,简称变量数列。

（七）变量数列

1. 变量数列的概念

变量数列，就是将总体按数量标志分组，将分组后形成的各组变量值与该组出现次数或频率按照一定的顺序对应排列所得的分布数列。

变量数列包括两个构成要素：一是变量值，二是总体单位在各组中出现的次数或频率，两者缺一不可。

2. 变量数列的分类

变量数列按分组标志性质的不同，可分为离散型变量数列和连续型变量数列两种，两种变量数列又可进一步分类如下：

$$\text{变量数列}\begin{cases}\text{离散型}\begin{cases}\text{单项式}\\ \text{组距式}\begin{cases}\text{等距数列}\\ \text{异距数列}\end{cases}\end{cases}\\ \text{连续型}\begin{cases}\text{等距数列}\\ \text{异距数列}\end{cases}\end{cases}$$

离散型变量数列，是按离散型变量分组形成的变量数列；连续型变量数列，是按连续型变量分组形成的变量数列。

单项式分组数列，简称单项数列，它是指数列中每一个组的变量值只有一个，即一个变量值代表一个组。组距式分组变量数列，简称组距数列，它是指每个组用两个变量值所确定的一个区间范围来表示，如果各组的组距相等，就叫等距数列；若不等就叫做异距数列。

（八）变量数列的编制

变量数列按照形式的不同分为单项式数列和组距式数列两种。

组距式数列的编制主要包括以下几个步骤：

1. 求全距

全距是最大变量值与最小变量值之差，表明标志值的变动范围，一般用字母 R 表示。

2. 确定组距、组数和组限

组限是指分组的数量界限，包括上限和下限，上限是各组的最大变量值，下限是各组的最小变量值，上限一般用 U 表示，下限用 L 表示。组距是各组的最大变量值与最小变量值之差，一般用 d 表示，即 $d=U-L$。组距的大小和组数的多少是相互制约、呈反比例关系的。组距越大,组数就越少,反之,则越多。在决定组距和组数时,原则上要使所分的组能够反映现象的不同特征,即通过组距分组以后,能把性质相同的单位归并在一起,把各组内部单位的次要差异抽象掉,使各组间的差异突出起来。

等距数列由于各组组距相等,因此有

$$组距 = 全距 \div 组数$$

如果现象的分布近于正态分布,进行等距分组可以根据美国统计学家斯特吉斯(H. A. Sturges)提出的分组数公式来计算分组数,即

$$n = 1 + 3.322 \lg N$$

式中,N 为总体单位数,n 为分组的组数,这时组距 d 的大小可以用全距 R 除以组数求得,即

$$d = \frac{R}{1 + 3.322 \lg N}$$

这些公式可供分组时参考,但不能生搬硬套。

组数和组距确定之后,需要进一步确定组限,在确定组限时,具体应考虑以下几个方面:① 组限最好采用整数表示,一般为 10 或 100 等数的整数倍。② 应使最小组的下限低于或等于最小变量值,最大组的上限高于或等于最大变量值,当变量值中有极小值或极大值时,就需用开口组表示。所谓开口组,就是缺上限或缺下限的组,通常用"××以上"或"××以下"表示。③ 对于连续型变量,相邻两组的组限应重叠,并习惯上按照"归下不归上"的原则处理,也就是说与上限值相同的变量值不在本组内,而应归入下一组。对于离散型变量,相邻两组的上下限必须间断。但是,在实际工作中,为了保证不重复、不遗漏总体单位,对于离散型变量也常常采用连续型变量的组限表示方法。

在编制组距数列时,分布在各组的实际变量值已被变量值变动的范围所取代,因此,在统计分析时,往往用组中值来反映各组实际变量值的一般水平,即取各组变量变化的中间值。组中值的计算公式为

$$组中值 = (上限 + 下限) \div 2$$

实际中,对于开口组的组中值,一般是用相邻组的组距作为开口组的组距,因而其组中值的计算公式为

$$组中值 = (下限 + 邻组组距)/2 \quad (缺上限)$$

或:

$$组中值 = (上限 - 邻组组距)/2 \quad (缺下限)$$

3. 计算各组的单位数

通过手工汇总或电子计算机汇总,在变量分组确定之后,直接计算各组的单

位数,然后将其用数列表示即可。

(九) 次数分布的特征

1. 次数分布的表示法

1) 列表法

即用统计表来表示次数分布。为了便于分析问题,也可列入累计次数和累计频率。向上累计是以变量值的最小一组次数为始点,向变量值较高的组逐项累计各组的次数或频率。各组累计次数或频率,表示小于该组变量值上限的次数或频率合计。向下累计则是以变量值的最大一组为始点,向变量值较低的组逐项累计各组的次数或频率。各组的累计次数或频率,表示大于该组变量值下限的次数或频率合计。

2) 图示法

即用统计图形来描述次数分布的方法,借以直观地表明总体单位的分布状态和规律。

(1) 条形图。即用宽度相同的条形的高度或长短来表示各组次数的图形。条形图可以横置或纵置,纵置时也称为柱形图。条形图有单式、复式等形式。

(2) 直方图。即用直方形的宽度和高度来表示次数分布的图形。绘制直方图时,横轴的划分应标明各组组限,以直方图的高度表示各组次数,其宽度与各组组距相适应。如果是异距数列,则通常按次数密度绘制直方图,以表示其分布,以便更准确地反映客观实际情况。

(3) 折线图。折线图可以在直方图的基础上,利用折线连接直方图中各个直方形顶端中点,并在直方图形左右两侧各延伸一组,使折线与横轴相连接,即形成折线图。

折线图还可用来表示累计次数分布,但累计次数分布图的画法和次数分布折线图的画法有些不同。画向上累计分布折线图时,从首组下限开始,将各累计次数组的上限所对应的纵坐标用折线连接起来。画向下累计分布折线图时,从末组上限开始,将各累计次数组的下限所对应的纵坐标用折线连接起来。

(4) 曲线图。曲线图与折线图绘制方法基本相同,只是在连接各组次数坐标点时应当用平滑曲线。

2. 次数分布的特征

由于社会经济现象性质的不同,各种统计总体都有不同的次数分布,形成各种不同类型的分布特征。研究各种类型的次数分布特征,对于准确认识不同社会经济性质的变量在形成整体数量表现中的作用有着重要意义。次数分布,概括起来,主要有下列三种类形:钟型分布、U型分布、J型分布。

1) 钟型分布

钟型分布的特征是"两头小,中间大",靠近中间变量值分布的次数多,而靠近两端的变量值分布的次数少。如将其绘制成曲线图,其形状宛如一口古钟。

2) U型分布

U型分布的特征与钟型分布相反,是"两头大,中间小",即靠近中间位置的次数少,靠近两端的变量值分布的次数多,绘制成曲线图,像英文字母U。

3) J型分布

J型分布的曲线图形犹如英文字母J,其中,有正J型分布与反J型分布两种。正J型分布次数随着变量值的增大而增多,反J型分布次数随着变量值的增大而减小。

(十) 统计表

1. 统计表的意义

统计表,是指用纵横交叉的线条所形成的用来表现统计资料的表格。它能够系统地组织和合理安排大量的数字资料,简略过多的文字表述,使人在阅读时一目了然,便于直接对照比较,分析研究。

2. 统计表的构成

统计表从形式上看是由总标题、横行标题、纵栏标题、数字资料四部分构成的,总标题就是表的名称,须概括统计表中的全部内容,一般在表的上端正中;横行标题是横行各组的名称,写在表的左方;纵栏标题就是纵栏的名称,写在表的上方;统计表中的数字资料,就是用来说明总体特征的各种指标值。

统计表从内容上来看,包括主词和宾词两个部分。主词是统计表所要说明的总体,或总体的各个组、各个单位的名称或者所属时期。宾词是说明总体特征的统计指标,包括指标名称和指标数值。

3. 统计表的种类

首先,按主词结构不同可分为简单表、分组表、复合表。

(1) 简单表。是主词不经过分组的统计表,主词仅罗列各单位的名称或时期的名称。

(2) 分组表。是主词只按一个标志进行分组的统计表。

(3) 复合表。是主词按照两个或两个以上的标志分组的统计表。

第三章　统计整理

其次,按其作用的不同,可分为调查表、整理表、分析表。

(1) 调查表。是统计调查时用来搜集、登记原始资料的表格。

(2) 整理表。是用于统计整理汇总过程及其结果的表格。

(3) 分析表。是用于统计分析的表格,这类表格往往和整理表结合在一起,成为整理表的延续。

第二部分　重点、难点释析

统计整理在整个统计工作中具有重要的作用,它直接关系到统计资料的科学价值,影响到统计分析的准确性和真实性。

统计分组则是统计整理的关键,它直接关系到统计研究工作的成败。如何对统计调查所得的资料进行审核,如何做到科学分组,这对于一个初学者来说具有一定的难度。下面,就大家在学习过程中常遇到的几个典型问题加以阐释,以加深大家对本章相关知识的理解。

一、对统计资料进行审核时,主要应从哪几方面进行审核？如何审核？

由于统计资料质量应满足准确、及时、全面的要求,因此,对于统计调查所取得的原始资料,应从准确性、及时性和完整性三个方面去审核。准确性是审核的重点。准确性审核就是检查资料是否真实可靠、符合客观实际情况。审核数据准确性的方法主要有逻辑检查和计算检查。逻辑检查主要审核原始数据的内容是否合理、是否符合逻辑、各项目或数字之间有无相互矛盾的地方。计算检查是检查调查表中的各项数据的计算方法是否恰当、计算结果有无错误、计量单位是否正确。及时性审核就是检查所有填报单位的资料是否及时送到。完整性审核主要是检查应调查的单位或个体是否有遗漏,所有应填写的调查项目是否填写齐全。

对于次级资料,除了对其准确性和完整性进行审核外,还应着重审核数据的适用性和时效性。次级资料来自其他渠道,有些资料可能是为特定目的通过专门调查而取得的,或者是已经按特定研究目的的需要进行了加工整理,所以,首先应弄清楚数据的来源、数据的口径以及有关的背景材料,以便确定这些资料是否符合分析研究的需要,是否需要重新加工整理等。

二、单项式分组和组距式分组在什么情况下运用？为什么说按组距式分组会使资料的真实性受到一些损害？

如果按连续型变量分组,一般只能编制组距式数列。对于按离散型变量分组,则要根据其变量值个数的多少以及变动幅度的大小来确定,如果变量值个数较少以及变动幅度较小,则可编制单项式数列;如果变量值个数较多以及变动幅度较大,则应编制组距式数列。

组距式分组突出了各组之间的差异,更好地显示资料的规律性。但是,分组之后,各组内部各单位之间的差异就被掩盖了,在进行分析或计算平均指标时,只能假定各组内变量值呈均匀分布而取组中值为代表值,这种假定显然与实际情况有出入。

三、等距分组和异距分组应在什么条件下运用？各有什么优点？

进行组距式分组包括等距分组和异距分组两种,究竟是选择等距分组好还是异距分组好,主要是根据所研究对象的分布特点来决定,如果变量值变化较均匀,那么可以采用等距分组。在社会经济统计中有些现象的分布高度偏斜,标志值的变动并不均衡,变动的幅度差异很大,这时就不宜采用等距分组,而必须采用异距分组。

一般来说,等距分组得到的等距数列能清楚地反映总体的分布特征,便于各组单位数的直接对比,绘制统计图,也便于计算各项综合指标,简化计算方法,因此,应尽可能采用等距分组。而异距分组得到的异距数列能比较准确地反映总体内部各组成部分的性质差异。

四、为什么在组距式分组中合理确定各组上下限十分重要？

在组距式分组中能否合理确定各组上下限的具体数值,即合理安排上下限坐落,关系到统计整理能否反映实际情况。

【例 3.1】 某地区考核 20 个工业企业的计划完成程度情况,各企业的实际计划完成程度指标按大小顺序排列如下:

   6.5% 9.8% 11.3% 13.7% 15.9%

16.3%	18.6%	18.7%	18.9%	19.3%
19.6%	19.8%	20.9%	21.5%	21.8%
22.3%	24.5%	26.7%	28.6%	29.6%

根据以上资料,若采用表 3.1 的方式分组,在这种分组条件下,第一组上下限坐落明显不妥,因为 0 过低于 6.5%,它的组中值还未达到最小标志值 6.5%,因此,在进行分析或计算平均指标时,用组中值作为该组的代表值,显然与实际情况差异太大,不符合实际情况。

表 3.1　某地区工业企业计划完成程度

按计划完成程度分组(%)	企业数(个)
0—10	2
10—20	10
20—30	8
合　计	20

所以,这就要求在分组之前,应该对总体各单位标志值的高低、分布情况进行仔细分析,在分布比较集中的标志中确定各组的中心位置,然后再根据组距的大小定出上下限,尽可能使各组内总体单位的标志值分布比较均匀。

第三部分　习　　题

一、单项选择题

1. 统计整理的主要对象是(　　)。
   A. 次级资料　　　　　　　　B. 原始资料
   C. 分析资料　　　　　　　　D. 技术参数资料
2. 统计分组是根据统计研究的目的和任务,按照一个或几个分组标志(　　)。
   A. 将总体分成性质相同的若干部分
   B. 将总体分成性质不同的若干部分
   C. 将总体划分成数量相同的若干部分
   D. 将总体划分成数量不同的若干部分
3. 统计分组的关键在于(　　)。

A. 确定组中值　　　　　　　　B. 确定组距

C. 确定组数　　　　　　　　　D. 选择分组标志和划分各组界限

4. 变量数列是(　　)。

　　A. 按数量标志分组的数列

　　B. 按品质标志分组的数列

　　C. 按数量标志或品质标志分组的数列

　　D. 按数量指标分组的数列

5. 某同学统计学考试成绩为80分,应将其计入(　　)。

　　A. 成绩为80分以下的人数中　　B. 成绩为70—80分的人数中

　　C. 成绩为80—90分的人数中　　D. 根据具体情况来具体确定

6. 在编制组距数列时,当资料中存在少数特大和特小的变量值时,宜采用(　　)形式处理。

　　A. 开口组　　　B．等距　　　C. 闭口组　　　D. 不等距

7. 组距、组限和组中值之间的关系是(　　)。

　　A. 组距＝(上限－下限)÷2　　B. 组中值＝(上限＋下限)÷2

　　C. 组中值＝(上限－下限)÷2　　D. 组限＝组中值÷2

8. 某连续变量,其末组为开口组,下限为500,又知其邻组的组中值为480,则其末组的组中值为(　　)。

　　A. 490　　　　B. 500　　　　C. 510　　　　D. 520

9. 次数分布中的次数是指(　　)。

　　A. 划分各组的数量标志　　B. 分组的组数

　　C. 分布在各组的单位数　　D. 标志变异个数

10. 等距数列和异距数列是组距数列的两种形式,其中等距数列是指(　　)。

　　A. 各组次数相等的数列　　B. 各组次数不相等的数列

　　C. 各组组距相等的数列　　D. 各组组距不相等的数列

11. 对总体进行分组时,采用等距数列还是异距数列,决定于(　　)。

　　A. 次数的多少　　　　　　B. 变量的大小

　　C. 组数的多少　　　　　　D. 现象的性质和研究的目的

12. 某村企业职工最高工资为852元,最低工资为540元,据此分为六个组,形成闭口式等距数列,则组距应为(　　)。

　　A. 142　　　　B. 52　　　　C. 312　　　　D. 264

13. 简单分组与复合分组的区别是(　　)。

A. 分组对象的复杂程度不同　　B. 分组数目的多少不同
C. 采用分组标志的多少不同　　D. 研究目的和对象不同

14. 对某班学生进行以下分组，这是(　　)。

分组	人数(人)
按性别分组	
男	30
女	20
按年龄分组	
20 岁以下	38
20 岁以上	12

A. 简单分组　　　　　　　B. 平行分组体系
C. 复合分组体系　　　　　D. 以上都不对

15. 统计表中的宾词指的是(　　)。
A. 总体的名称　　　　　　B. 统计表的横行标题
C. 统计表的纵栏标题　　　D. 指标名称和数值

16. 主词按时间顺序排列的统计表称为(　　)。
A. 简单表　　B. 分组表　　C. 复合表　　D. 调查表

二、多项选择题

1. 统计整理的必要性在于(　　)。
A. 原始资料分散、零碎、不系统
B. 原始资料可能存在质量问题
C. 原始资料难以描述总体的数量特征
D. 次级资料不能满足统计分析的需要
E. 具有承上起下的作用

2. 正确的统计分组应做到(　　)。
A. 组间有差异　　B. 各组应等距　　C. 组内属同质
D. 组限不应重叠　　E. 不应出现开口组

3. 统计分组的作用有(　　)。
A. 反映总体的规模　　　　　　　B. 说明总体单位的特征
C. 区分社会经济现象的不同类型　　D. 研究总体的内部结构

E. 分析现象间的依存关系

4. 属于按品质标志分组的有（　　）。

   A. 职工按工龄分组　　　　　　　　B. 学生按健康状况分组

   C. 企业按经济类型分组　　　　　　D. 企业按职工人数分组

   E. 人口按居住地分组

5. 统计表从构成形式上看，一般包括（　　）。

   A. 总标题　　　　B. 横行标题　　　　C. 纵栏标题

   D. 数字资料　　　E. 调查单位

6. 指出下表表示的数列属于什么类型。（　　）

按劳动生产率分组（件/人）	职工人数（人）
120—130	12
130—140	18
140—150	37
150—180	13
合　计	80

   A. 品质数列　　　　B. 变量数列　　　　C. 组距数列

   D. 等距数列　　　　E. 异距数列

三、简答题

1. 统计资料整理的主要内容有哪些？
2. 什么是统计分组？统计分组的作用有哪些？
3. 如何正确选择分组标志？
4. 在编制变量数列时，何时采用组距式分组？何时采用单项式分组？
5. 在等距数列中，组距和组数具有什么关系？如何计算组中值？
6. 在采用组距式分组时，确定各组组限应考虑哪些方面？

四、计算题

1. 有 20 个工人日生产零件数（单位：个）如下：

   2，2，5，3，4，3，4，4，4，4，3，2，5，3，3，4，3，3，3，4

试根据上述资料编制分布数列。

2. 已知一车间 16 个工人的资料如下：

工人编号	性别	工龄(年)	文化程度	技术等级
01	男	9	高中	4
02	男	4	大专	3
03	男	2	本科	2
04	女	6	大专	4
05	男	1	本科	1
06	男	8	高中	3
07	女	3	大专	2
08	女	2	高中	1
09	男	5	大专	4
10	女	5	高中	2
11	男	7	大专	4
12	男	6	大专	3
13	女	3	大专	3
14	女	6	大专	3
15	男	4	本科	4
16	男	5	高中	3

要求：

(1) 按性别和文化程度分别编制品质数列。

(2) 按技术等级编制单项式数列。

(3) 按工龄编制组距为 3 的等距数列。

3. 某生产车间 50 名工人日加工零件数(单位:个)如下：

116	121	124	129	139	106	117	130	122	125
107	131	125	117	122	133	126	122	118	108
110	118	123	126	133	134	127	123	118	112
112	134	127	123	119	113	120	123	127	135
137	114	120	128	124	115	138	128	124	121

要求：

(1) 根据上述资料编制组距为 5 的分布数列。

(2) 将上述编制的分布数列绘制直方图、次数分布折线图。

(3) 计算各组向上累计次数、向下累计次数，并绘制向上累计折线图、向下累计折线图。

第四部分 习题答案

一、单项选择题

1. B 2. B 3. D 4. A 5. C 6. A 7. B 8. D
9. C 10. C 11. D 12. B 13. C 14. B 15. D 16. A

二、多项选择题

1. ABCDE 2. AC 3. CDE 4. BCE 5. ABCD 6. BCE

三、简答题

1. 统计资料整理的主要内容有：① 制订统计整理方案。② 对统计资料进行审核。在汇总前，要对各项原始资料进行审核，检查资料准确性、全面性和及时性，对发现的问题进行必要的订正和补充。③ 对统计资料进行分组和汇总。将全部调查资料按照分组要求进行分组汇总，计算各组的单位数和合计总数，并计算各组指标及综合指标。④ 编制统计图表。⑤ 进行统计资料汇编，系统地积累历史资料，以备需要时查用。

2. 统计分组，是指根据统计研究的目的，按照一定的标志将总体划分为若干个性质不同的部分的一种统计方法。统计分组同时具有两个方面的含义：对总体而言是"分"，即将整体划分为性质相异的若干部分；对总体单位而言是"合"，即将性质相同的总体单位合并到同一组。

统计分组的作用主要有：① 区分社会经济现象的类型；② 研究总体的内部结构及其变化；③ 探讨现象之间的依存关系。

3. 分组标志。就是划分总体单位为性质不同的组的标准或依据。任何事物都有许多标志，但如何在特定的研究目的下选择合适的分组标志，对于达到统计研究目的至关重要。一般来说，必须遵循以下3项基本原则：第一，根据研究的目的与任务，选择分组标志。第二，要选择能够反映现象本质特征的标志。第三，考虑现象所处的历史条件及经济条件，选择分组标志。

4. 如果按连续性变量分组，一般只能编制组距式数列。对于按离散变量分组则要根据其变量值个数的多少以及变动幅度的大小来确定，如果变量值个数较少以及变动幅度较小，则可编制单项式数列；如果变量值个数较多以及变动幅度较大，则应编制组距式数列。

5. 等距数列由于各组组距相等,因此,组距＝全距÷组数。组中值用来反映各组实际变量值的一般水平,即取各组变量变化的中间值。

$$组中值＝(上限＋下限)÷2$$

实际中,对于开口组的组中值,一般是用相邻组的组距作为开口组的组距,因而其组中值的计算公式为

$$组中值＝(下限＋邻组组距)/2 \quad (缺上限)$$
$$组中值＝(上限－邻组组距)/2 \quad (缺下限)$$

6. 确定组限应从以下几个方面考虑:① 组限最好采用整数表示,一般为 10 或 100 等数的整数倍。② 应使最小组的下限低于或等于最小变量值,最大组的上限高于或等于最大变量值,当变量值中有极小值或极大值时,就需用开口组表示,所谓开口组,就是缺上限或缺下限的组,通常用"××以上"或"××以下"表示。③ 对于连续型变量,相邻两组的组限应重叠,并习惯上按照"归下不归上"的原则处理,也就是说与上限值相同的变量值不在本组内,而应归入下一组。对于离散型变量,相邻两组的上下限必须间断。但是,在实际工作中,为了保证不重复、不遗漏总体单位,对于离散型变量也常常采用连续型变量的组限表示方法。

四、计算题

1. 本题的变量属于变量值变动不大的离散型变量,故采用单项式分组,结果见下表:

日生产零件(个)	工人人数(人)
2	3
3	8
4	7
5	2
合 计	20

2. (1) 按性别和文化程度分别编制品质数列见下表:

按性别分	工人人数(人)	按文化程度分	工人人数(人)
男	10	高中	5
		大专	8
女	6	本科	3
合 计	16	合 计	16

(2) 按技术等级编制的单项式数列见下表：

技术等级	工人人数（人）
1	2
2	3
3	6
4	5
合　计	16

(3) 按工龄编制的组距数列见下表：

工龄（年）	工人人数（人）
1—3	5
4—6	8
7—9	3
合　计	16

3. (1) 编制分布数列：

第一步，求全距：
$$R = \max(x_i) - \min(x_i) = 139 - 106 = 33$$

第二步，求组数：
$$组数 = 全距 / 组距 = 33/5 \approx 7$$

所以将上述资料分为以下 7 组：105—110；110—115；115—120；120—125；125—130；130—135；135—140

第三步，计算各组单位数，结果见下表：

按零件数分组（个）	频数（人）	频率（%）
105—110	3	6
110—115	5	10
115—120	8	16
120—125	14	28
125—130	10	20
130—135	6	12
135—140	4	8
合　计	50	100

(2) 根据上表绘成的直方图、折线图如下：

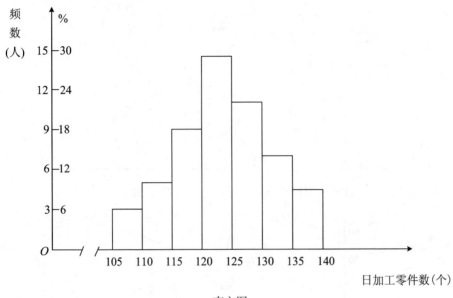

直方图

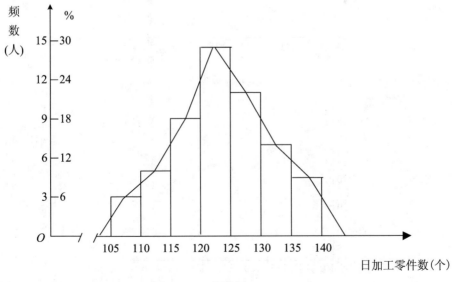

折线图

(3) 向上累计次数、向下累计次数列于下表：

按零件数分组(个)	向上累计 频数(人)	向下累计 频数(人)
105—110	3	50
110—115	8	47
115—120	16	42
120—125	30	34
125—130	40	20
130—135	46	10
135—140	50	4

根据上表绘制的向上累计折线图、向下累计折线图如下：

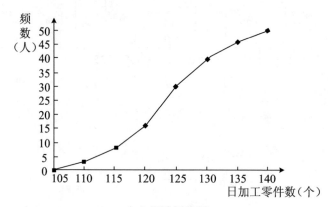

向上累计折线图

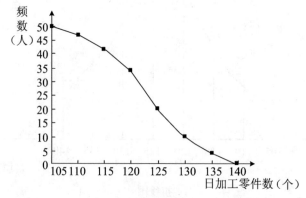

向下累计折线图

第四章 统计指标

第一部分 学习辅导

一、本章学习目的与要求

(1) 理解总量指标、相对指标、平均指标和变异指标的概念和作用。
(2) 掌握各种相对指标的计算方法,理解相对指标的可比性原则。
(3) 掌握各种平均指标的计算方法,注意区分各种平均指标应用的场合。
(4) 掌握各种标志变异指标的计算方法,并能结合实际资料进行计算分析。

二、本章内容提要

(一) 总量指标

(1) 总量指标的概念:总量指标又称统计绝对数,它是反映社会经济现象在一定时空下的总规模、总水平的综合指标。

(2) 总量指标的分类:按指标反映总体内容的不同,总量指标分为总体单位总量和总体标志总量;按指标反映时间状况的不同,总量指标分为时期指标和时点指标。

(3) 总量指标的计量单位:实物量单位、价值量单位和劳动量单位。

(二) 相对指标

(1) 相对指标的概念:相对指标又称统计相对数,它是两个有联系的现象数值的比率,用以反映现象的发展程度、结构、强度、普遍程度或比例关系。其表现形式,即无名数和有名数。

(2) 相对指标的种类:根据研究目的和任务的不同、对比基础的不同,相对指标可以分为结构相对指标、比例相对指标、比较相对指标、强度相对指标、动态相对指标和计划完成相对指标。

$$结构相对指标 = \frac{各组或部分总量}{总体总量} \times 100\%$$

$$比例相对指标 = \frac{总体中某一部分数量}{总体中另一部分数量} \times 100\%$$

$$比较相对指标 = \frac{甲单位某指标值}{乙单位同类指标值}$$

$$强度相对指标 = \frac{某种现象总量指标}{另一有联系而性质不同现象总量指标}$$

$$动态相对指标 = \frac{报告期指标数值}{基期指标数值} \times 100\%$$

$$计划完成程度相对指标 = \frac{实际完成数}{计划任务数} \times 100\%$$

（三）平均指标

1. 平均指标概念

反映社会经济现象总体各单位某一数量标志在一定时间、地点条件下所达到的一般水平。平均指标具有同质性、抽象性、代表性的特点。

2. 平均指标种类

根据计算过程的不同，平均指标可以分为数值平均数和位置平均数。其中，数值平均数包括算术平均数、调和平均数、几何平均数；位置平均数包括众数、中位数。

3. 数值平均数的计算

1) 算术平均数的计算

对于未分组资料，用简单算术平均数公式计算，即

$$\bar{x} = \frac{\sum x_i}{n}$$

对于分组资料，用加权算术平均数公式计算，即

$$\bar{x} = \frac{\sum xf}{\sum f}$$

2) 调和平均数的计算

对于未分组资料，用简单调和平均数公式计算，即

$$H = \frac{n}{\sum \frac{1}{x}}$$

对于分组资料,用加权调和平均数公式计算,即

$$H = \frac{\sum m}{\sum \frac{m}{x}}$$

3) 几何平均数

当计算几何平均数的各变量值的次数相等时,要采用简单几何平均数,即

$$G = \sqrt[n]{x_1 x_2 \cdots x_n} = \sqrt[n]{\prod x}$$

当计算几何平均数的各变量值的次数不等时,要采用加权几何平均数,即

$$G = \sum^{f_i} \sqrt{\prod_{i=1}^{n} x_i^{f_i}}$$

4. 位置平均数的计算

1) 中位数(M_e)的计算

对于未分组资料,确定中位数的步骤是:第一步,将总体各单位的标志值按大小顺序排列;第二步,按$(n+1)/2$计算中位数所在的位置,该位置对应的标志值即为中位数。注意:若总体单位数n为奇数,则处于中间位置的标志值就是中位数;若n为偶数,则处于中间位置的两个标志值的算术平均数即为中位数。

在单项式分组资料下:首先计算累计次数n,再按$(n+1)/2$确定中位数的位置,该位置对应的数值即为中位数。

在组距式分组资料下:首先计算累计次数$\sum f$,按$\sum f/2$确定中位数所在组,再利用公式按比例求得中位数的近似值,此公式有下限公式和上限公式两种。

下限公式(较小制):

$$M_e = L + \frac{\frac{\sum f}{2} - S_{m-1}}{f_m} \times d$$

上限公式(较大制):

$$M_e = U - \frac{\frac{\sum f}{2} - S_{m-1}}{f_m} \times d$$

2) 众数(M_0)的计算

对于单项式分组资料确定众数,只需观察找出次数最多的标志值即可。

对于组距式数列,首先根据次数最多的原则确定众数所在组,再利用公式求得众数的近似值。计算公式有下限公式和上限公式两种。

下限公式：

$$M_0 = L + \frac{f_n - f_{n-1}}{(f_n - f_{n-1}) + (f_n - f_{n+1})} \times d$$

上限公式：

$$M_0 = U - \frac{f_n - f_{n+1}}{(f_n - f_{n-1}) + (f_n - f_{n+1})} \times d$$

（四）标志变异指标

1. 概念

标志变异指标又称标志变动度，是用来测定总体各单位标志值之间差异程度的统计指标，它综合反映了标志值的离中趋势。标志变异指标主要有全距、平均差、标准差、方差、标准差系数。

2. 标志变异指标的计算

1) 全距

$$R = X_{\max} - X_{\min}$$

2) 平均差

对于未分组资料，用简单平均公式，即

$$A \cdot D = \frac{\sum |x - \bar{x}|}{n}$$

对于分组资料，用加权平均公式，即

$$A \cdot D = \frac{\sum |x - \bar{x}| f}{\sum f}$$

3) 标准差

对于未分组资料，采用简单式，即

$$\sigma = \sqrt{\frac{\sum (x - \bar{x})^2 f}{n}} = \sqrt{\frac{\sum x^2 f}{\sum f} - \left(\frac{\sum xf}{\sum f}\right)^2}$$

对于已分组资料，采用加权式，即

$$\sigma = \sqrt{\frac{\sum (x - \bar{x})^2 f}{\sum f}} = \sqrt{\frac{\sum x^2 f}{\sum f} - \left(\frac{\sum xf}{\sum f}\right)^2}$$

4) 方差

对于未分组资料，采用简单式，即

第四章　统计指标

$$\sigma^2 = \frac{\sum(x-\bar{x})^2}{n} = \frac{\sum x^2}{n} - \left[\frac{\sum x}{n}\right]^2$$

对于已分组资料,采用加权式,即

$$\sigma^2 = \frac{\sum(x-\bar{x})^2 f}{\sum f} = \frac{\sum x^2 f}{\sum f} - \left[\frac{\sum xf}{\sum f}\right]^2$$

5) 标准差系数

$$V_\sigma = \frac{\sigma}{\bar{x}} \times 100\%$$

(五) 偏度和峰度

1. 偏度的计算公式

$$\alpha = \frac{v_3}{\sigma^3}$$

2. 峰度的计算公式

$$\beta = \frac{v_4}{\sigma^4}$$

第二部分　重点、难点释析

综合指标法是统计研究的基本方法之一。从广义上说,所有的统计指标都可以称为综合指标。但这里讲的综合指标是将所有的统计指标按其指标数值的表现形式不同归纳起来的三大类基本指标,它们是:总量指标、相对指标和平均指标,以及在此基础上派生的标志变异指标。本章的特点是概念多、分类多、公式多,这给同学们的学习带来了一定的难度。现通过对典型问题的分析与例题的讲解来谈谈如何学好统计指标这一章内容。

一、总体单位总量和总体标志总量的区别

总体单位总量是总体内所有单位的总数。总体标志总量是总体中各单位标志值的总和。

总体单位是标志的直接承担者,标志总量不会独立于单位总量而存在。在一个特定的总体内,只存在一个单位总量,而同时并存多个标志总量,构成一个总量指标体系。同一总量指标在不同情况下可有不同的性质。总体单位总量

和总体标志总量并不是固定不变的，二者随研究目的不同而变化。注意：总体单位总量和总体标志总量的划分，也是后面计算平均指标（算术平均数）的重要依据。

【例 4.1】 下列说法正确的是，当研究企业平均规模时和当研究企业劳动效益时，（   ）。

A. 各企业工人总数既为总体标志总量，又为总体单位总量

B. 企业总数既为总体标志总量，又为总体单位总量

C. 各企业工人总数都为总体单位总量

D. 企业总数都为总体标志总量

【分析】 当研究企业平均规模时，以企业为总体单位，企业总数为单位总量，各企业工人总数为标志总量；当研究企业劳动效益时，以工人为总体单位，各企业工人总数为单位总量，这时企业的总产量成为标志总量，所以本题选 A 和 B。

二、结构相对指标和比例相对指标的主要区别

结构相对指标是以总体总量为比较标准，计算各组总量占总体总量的比重，来反映总体内部组成情况的综合指标。例如：各工种的工人占全部工人的比重。比例相对指标是总体不同部分数量对比的相对数，用以分析总体范围内各个局部之间比例关系和协调平衡状况。例如：轻重工业比例。

三、比例相对指标和比较相对指标的区别

(1) 子项与母项的内容不同，比例相对指标是同一总体内不同组成部分的指标数值的对比；比较相对指标是同一时间同类指标在空间上的对比。

(2) 说明问题不同，比例相对指标说明总体内部的比例关系；比较相对指标说明现象发展的不均衡程度。比较相对指标是不同单位的同类指标对比而确定的相对数，用以说明同类现象在同一时期内各单位发展的不平衡程度。例如：甲地职工平均收入是乙地职工平均收入的 1.3 倍。

四、比较相对指标和强度相对指标的主要区别

两者都属于对不同总体指标进行对比的类型，但比较相对指标是不同总体的同类指标在同一时间上不同单位之间的比较，而强度相对指标是两个性质不同而又有联系的总量指标的对比；比较相对指标的表现形式是无名数，而强度相对指标的表现形式可以是无名数，也可以是有名数。

五、强度相对指标和平均指标的主要区别

指标的含义不同,强度相对指标说明的是某一现象在另一现象中发展的强度、密度或普遍程度,而平均指标说明的是现象发展的一般水平;计算方法不同,强度相对指标与平均指标,虽然都是两个有联系的总量指标之比,但是,强度相对指标分子与分母的联系,只表现为一种经济关系,而平均指标是在一个同质总体内标志总量和单位总量的比例关系,分子与分母的联系是一种内在的联系,即分子是分母(总体单位)所具有的标志,对比结果是对总体各单位某一标志值的平均。

【例 4.2】 判断下列指标哪些属于平均指标,哪些属于强度相对指标?
A. 人均 GDP   B. 人均教育经费
C. 单位产品成本   D. 人口密度
E. 人均粮食消费量

【分析】 A,B,D,E 是强度相对指标,C 是平均指标。

六、加权算术平均数中权数如何选择

因为各组变量值出现次数(权数)的多少对平均数的形成产生权衡轻重的作用,所以权数的选择是很重要的。当分组的标志为相对数或平均数时,经常会遇到选择哪一个指标为权数的问题。一般根据以下这两个原则来选择权数:一是变量与权数的乘积必须有实际经济意义;二是依据相对数或平均数本身的计算方法来选择权数。

【例 4.3】 某市各企业产值计划完成程度(%)、企业数和计划产值资料如表 4.1 所示。

表 4.1

产值计划完成程度(%)	企业数	计划产值(万元)
90—100	5	100
100—110	8	800
110—120	2	100
合 计	—	1000

试计算该市各企业的平均产值计划完成程度。

【分析】 此例被平均的标志值 x(各组产值计划完成程度)是相对数。若以

企业数(次数)为权数,不符合权数选择原则。本例正确的权数(f)应为各组计划产值,它符合权数选择的原则,即

$$各组产值计划完成程度(x) = \frac{各组实际产值(xf)}{各组计划产值(f)}$$

所以平均产值计划完成程度为

$$\bar{x} = \frac{\sum xf}{\sum f} = \frac{0.95 \times 100 + 1.05 \times 800 + 1.15 \times 100}{100 + 800 + 100}$$

$$= \frac{1050}{1000} = 105\%$$

七、调和平均数的计算及应用条件

调和平均数是各个标志值倒数的算术平均数的倒数,又称为倒数平均数。在实际工作中,有时出于缺乏总体的单位数资料,不能直接运用算术平均数进行计算,这时,可采用调和平均数计算。因此,调和平均数常常作为算术平均数的变形来使用,即

$$H = \frac{\sum m}{\sum \frac{m}{x}} = \frac{\sum xf}{\sum \frac{1}{x} xf} = \frac{\sum xf}{\sum xf}$$

同时,调和平均数易受极端标志值和开口组的影响;当数列中某项标志值为零时,是无法计算调和平均数的。

八、算术平均数与众数、中位数的关系

1. 对称钟型分布

标志值对称地分居数轴两边。

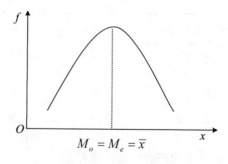

2. 钟型偏态分布

(1) 右偏分布:即多数标志值居数轴左边。

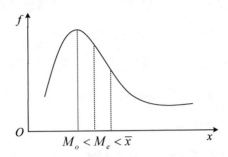

(2) 左偏分布:即多数标志值居数轴右边。

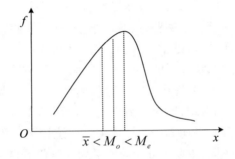

九、标准差、标准差系数的计算及其应用条件

标准差是总体中各单位标志值与算术平均数的离差平方的算术平均数的平方根,又称为均方差,标准差的计算有简单式和加权式两种,即

简单式:$\sigma=\sqrt{\dfrac{\sum(x-\bar{x})^2}{n}}=\sqrt{\dfrac{\sum x^2}{n}-\left(\dfrac{\sum x}{n}\right)^2}$

加权式:$\sqrt{\dfrac{\sum(x-\bar{x})^2 f}{\sum f}}=\sqrt{\dfrac{\sum x^2 f}{\sum f}-\left(\dfrac{\sum xf}{\sum f}\right)^2}$

标准差系数是以相对数形式表示的标志变异指标,其计算公式如下:

$$V_\sigma=\dfrac{\sigma}{\bar{x}}$$

因为标准差不仅受总体各单位标志值的影响,还要受平均数水平高低的制约,所以不能仅用标准差来衡量不同水平数列之间标志值的差异程度,而须进一步计算标准差系数,通过标准差系数的大小来进行比较。

十、考察分布的偏度和峰度有何意义

平均指标和标志变异指标分别反映分布的集中趋势和离中趋势,而考察偏度和峰度可以进一步体现分布的形态特征。若定义 $\alpha = \dfrac{V_3}{\sigma^3}$,当 $\alpha = 0$ 时,说明分布是对称的;当 $\alpha > 0$ 时,说明分布是正偏的;当 $\alpha < 0$ 时,说明分布是负偏的。若定义 $\beta = \dfrac{V_4}{\sigma^4}$,当 $\beta = 3$ 时,说明分布是正态峰度;当 $\beta > 3$ 时,说明分布是尖顶峰度;当 $\beta < 3$ 时,说明分布是平顶峰度。

十一、正确计算统计平均数

平均数是社会经济统计的基本指标与基本方法,在社会经济统计学中有十分重要的作用。国外一位统计学家曾称:统计学是一门平均数的科学。因此,正确理解、计算、运用统计平均数,是学习社会经济统计的基本要求,也是学好后续统计方法,特别是统计指数、统计评价、序时平均数等统计方法的关键。

统计平均数的计算方法按其资料的时间属性不同,分为静态平均与动态平均,前者属于截面数据的平均,即为一般平均数,后者为时间数列的平均,也称序时平均。序时平均是静态平均方法的具体采用。统计平均数的计算方法按其体现原始数据的充分性不同,主要可分为数值平均与位置平均,前者包括算术平均、调和平均、几何平均、平方平均,它们均有简单式与加权式之分。实践中较常用的是算术平均、调和平均与几何平均。后者则指中位数与众数。这些平均方法与公式具有不同的应用场合或应用条件,实践中必须正确选择,但我们在多年的教学实践中发现,许多初学者往往无法正确区分这些不同平均方法的应用条件,特别是算术平均、几何平均、调和平均的应用条件,从而出现乱套公式的情况。

下面通过案例分析,与同学们谈谈如何正确计算算术平均数、调和平均数与几何平均数问题。

【例4.4】 某企业报告期三个车间的职工人均日产量分别为 50 件,65 件,70 件,车间日产量分别为 800 件,650 件,1050 件。

要求:计算三个车间的职工每人平均日产量。

解题过程:

$$\text{三个车间的职工每人平均日产量} = \frac{\sum m}{\sum \dfrac{m}{x}} = \frac{800+650+1050}{\dfrac{800}{50}+\dfrac{650}{65}+\dfrac{1050}{70}} = 60.98(\text{件}/\text{人})$$

解题说明: 本题从公式形式上看,是加权调和平均数。从内容上看,属于"统计平均数的平均数计算",但初学者常常容易犯的错误是乱套公式。最常见的错误是:选择算术平均数公式计算,即以三个车间的日总产量为权数,对三个车间的劳动效率进行算术平均。

$$\frac{50 \times 800 + 65 \times 650 + 70 \times 1050}{800 + 650 + 1050} = 62.3(件/人)$$

另一个错误是采用简单平均公式计算平均产量,即

$$\frac{50 + 65 + 75}{3} = 63.33(件/人)$$

出现上述两类错误的根源是:没有正确理解社会经济统计中平均数的经济含义。其实,无论资料条件如何,职工人均产量的基本含义永远是:总产量/工人数。因此,本例资料只需要求出三个车间的总人数即可。由所提供的资料可以知道,总产量已经知道了,为:

$$800 + 650 + 1050 = 2050(件)$$

而各车间的职工人数却需要推算。因为各车间的总产量与该车间工人数之比即为该车间的人均产量,所以各车间职工人数应该等于总产量与人均产量之对比,三个车间的职工总人数应该为:

$$\frac{800}{50} + \frac{650}{65} + \frac{1050}{70} = 41(人)$$

【例 4.5】 某企业集团下属的 25 个企业报告期计划利润计划完成程度如表 4.2 所示。

表 4.2

计划完成程度%	企业个数(个)	计划利润总额(万元)
90 以下	3	800
90—100	6	2200
100—110	14	6000
110 以上	2	1000
合　计	25	10000

要求:计算 25 个企业的平均计划完成程度及平均每个企业实现的利润额。

解题过程:

$$平均计划完成程度 = \frac{\sum xf}{\sum f}$$

$$= \frac{800 \times 85\% + 2200 \times 95\% + 6000 \times 105\% + 1000 \times 115\%}{10000} = 102.2\%$$

解题说明：本例是统计学中比较典型的"相对数的平均数计算"问题。我们所采用的是"加权算术平均数"公式，权数是每一组的计划利润额。常见的错误有这样几种：一种是组中值错误。特别是第一组与最后一组的组中值，有一些初学者常常用90%作为第一组的组中值，用110%作为最后一组的组中值，这是不对的。组中值的一般计算方法是(上限＋下限)/2，但对于这类"开口组"，其组中值应该按邻组的组距去推算。故本例第一组的组中值应该取85%，最后一组的组中值应该取115%。第二种错误是用"企业个数"作权数计算平均计划完成程度，这说明没有正确理解平均计划完成程度的含义。其实，作为权数的指标 f 与变量值 x 之间的乘积应该具有实际经济意义的。本例若将企业个数与计划完成程度相乘，就不可能得到有实际意义的指标值(某一组的标志总量)。本例只有当各个企业的计划利润全部相同时，才可以以企业个数为权数进行加权算术平均。正如当我们掌握三个企业的计划完成程度时，我们一般不能采用简单算术平均计算它们的平均计划完成程度，除非三个企业的计划数相同。第三种错误与之相类似，初学者中也有以"企业个数×计划利润总额"为权数计算算术平均数的，误以为表中的"计划利润总额"是平均每一个企业的计划任务。其实，表中文字中根本没有"平均"之意，更何况还有一个"合计"计划利润总额为10000万元的资料呢！若为"平均"，就不能"合计"。第四种错误就是套用平均数公式。其实，与前例类似，计算相对数的平均数时，必须首先明白该相对数的基本公式，即分子是什么、分母是什么。然后计算"分子总和"与"分母总和"，将这两个总和相除，就是相应的"平均数"。所以，平均计划完成程度的真实含义应该是"总实际/总计划"，因为计划完成程度的一般公式是"实际/计划"。本例计算时，初学者根本不必猜测应该采用算术平均还是采用调和平均，也不必猜测应该以哪一项指标为权数，正确的思路是：由所给资料求出"分子总和"——25个企业总的实际利润，求出"分母总和"——25个企业总的计划利润。因本例已经知道了各组企业的计划总额，所以需要推算"实际利润总额"，其推算过程应该是"计划数×计划完成程度"，即

实际总利润＝ 800×85%＋2200×95%＋6000×105%＋1000×115%

而总计划为(800＋2200＋6000＋1000)，二者的对比在形式上是一个加权算术平均数公式。因此，本例的计算方法就称为"算术平均数"。若本例不是提供"计划利润总额"而是提供"实际利润总额"，则计算平均计划完成程度时需要推算"计划利润总额"。而计划利润总额的推算需要采用"实际利润/计划完成程度"，在形式上表现为 (m/x)，因此，此时的平均计划完成程度在形式上就属于"加权调和平均

数"。依此类推,当计算若干村的"平均公顷产量"时,就应该把握住基本公式:平均公顷产量永远是"粮食总产量(千克)/总面积(公顷)",不论资料形式如何,只要求得"总产量"与"总面积"两项基本资料即可,若知道各村公顷产量及种植面积(公顷),则推算总产量即可,这在形式上是一个"加权算术平均"。在计算若干个企业的"平均资金利润率"时,就应该把握住基本公式:平均资金利润率永远是"总利润/总资金";计算若干商品或企业的平均销售利润率时,就应该把握住基本公式:平均销售利润率永远是"总利润/总销售"。

【例 4.6】 有三个车间报告期的产品生产情况如表 4.3 所示。

表 4.3

车 间	不合格率(%)	不合格品件数(件)
甲	5	500
乙	2	190
丙	4	372
合 计	—	1062

要求:(1) 若三个车间是同一产品生产流水线上的三个阶段(工序),则平均不合格率为多少?

(2) 若这三个车间是独立生产完全相同产品的三个小组,则平均合格率为多少?

(3) 若这三个车间不仅完全独立,且所生产的产品使用价值完全不同,产品的出厂价格分别为 300 元/件,400 元/件,1000 元/件,则应该如何计算它们的平均合格率?

解题过程:

(1)　　　平均合格率 $= \sqrt[n]{\prod x_i} = \sqrt[3]{0.95 \times 0.98 \times 0.96} = 96.325\%$

　　　　　平均不合格率 $= 1 - 96.325\% = 3.675\%$

(2)　　　平均不合格率 = 不合格产品总件数/全部产品总件数

$$H = \frac{\sum m}{\sum \frac{m}{x}} = \frac{500 + 190 + 372}{\frac{500}{5\%} + \frac{190}{2\%} + \frac{372}{4\%}}$$

(3)　　　平均不合格率 = 不合格产品总价值/全部产品总价值

$$H = \frac{\sum m}{\sum \frac{m}{x}} = \frac{500 + 190 + 372}{\frac{500}{5\%} \times 300 + \frac{190}{2\%} \times 400 + \frac{372}{4\%} \times 1000} = 3.7143\%$$

解题说明: 本例分别三种情况计算平均比合格率。

对于第一个计算要求,关键是必须注意几何平均数方法的应用条件与要求。几何平均数虽然适合于计算比率与速度的平均,但却是有条件的:要求变量值的连乘积等于总速度或总比率,否则就不能采用几何平均法。实践中一般有四种情况需要应用几何平均数公式计算平均值:第一种是"连续作业的车间平均合格品率与平均不合格品率"。第二种是"平均发展速度与平均增长速度"。第三种是"复利条件下的平均利率"。第四种是一些特殊需要,如综合评价合成值或统计指数计算时可用几何平均法。本例最常见的错误是:误用加权算术平均或加权调和平均或简单算术平均公式计算平均不合格产品,这显然忽视了"连续作业车间"这一特定的条件。另一个常见的错误是:直接对不合格品率采用几何平均法计算,这里显然又忽视了"变量值连乘积等于总比率或总速度"这一基本计算要求。因为三个车间合格率的连乘积正好等于全厂生产该产品的总合格率或最终合格率,而三个车间不合格品率的连乘积却没有太大的意义。从概率意义上看,三个车间合格率的连乘积正表示"三道工序都合格",这样的产品才能算最终的合格品,而三个车间不合格品率连乘的概率含义却是"没有一道工序是合格的",显然它没有将所有不合格品包括在内,任何一道工序的不合格对于最终产品而言就是不合格的,因此只有当三道工序全部合格时才算真正的合格。所以本小题采用先计算平均合格品率,再计算平均不合格品率的路线。正是同样的道理,计算平均增长速度就不能直接用几何平均数公式,而应该先计算平均发展速度(因为环比发展速度可以连乘,而环比增长速度不能连乘);计算复利平均利率也不能直接用利率,而应该先计算平均的"本利率",再减去100%以求得平均利率。

对于第二个计算要求,与前两个例题类似,属于"相对数的平均数",只要记住不合格品率是不合格产品数量与总产量之对比,因题中已经提供了不合格品数量,需要借助"总产量=不合格品件数/不合格品率"来推算三个车间的产品总量,在形式上就是一个调和平均数公式。这一小题容易犯的错误仍然是误用加权算术平均数。但必须注意的是,调和平均数公式中不允许变量值为零,因此,某一车间的不合格品率为零时,就不可也无法直接采用加权调和平均数公式计算平均不合格品率,而应该先求平均合格品率(用加权算术平均),再从100%中扣除平均合格品率。

对于第三个计算要求,要求学生灵活学习统计方法。但三个车间的产品不是同一类型时,直接用实物量计算平均合格品率或不合格品率是不合理的,因为计量单位不同。为此,需要将不同计算单位的产品转化为相同的计量单位,目前比较方便的做法就是转化为价值量(货币量)指标或劳动量(时间)指标进行计算,因此,本小题的不合格品计算时,分子分母全部改用"金额"指标。

第三部分 习 题

一、单项选择题

1. 按反映的时间状态不同,总量指标可分为( )。
   A. 时间指标和时点指标　　B. 时点指标和时期指标
   C. 时期指标和时间指标　　D. 实物指标和价值指标
2. 按采用的计量单位不同,总量指标可分为( )。
   A. 时期指标和时点指标　　B. 总体标志总量和总体单位总量
   C. 数量指标和质量指标　　D. 实物指标、价值指标和劳动量指标
3. 某企业5月份计划要求销售收入比上月增长8%,实际增长12%,其超计划完成程度为( )。
   A. 103.70%　　B. 50%　　C. 150%　　D. 3.7%
4. 下列指标中属于时点指标的是( )。
   A. 商品销售额　　　　　　B. 商品销售量
   C. 人均销售额　　　　　　D. 商品库存量
5. 对于人口数和人口出生数,( )。
   A. 前者是时期指标,后者是时点指标
   B. 前者是时点指标,后者是时期指标
   C. 两者都是时期指标　　D. 两者都是时点指标
6. 下列相对数中,可以用有名数表示的有( )。
   A. 计划完成程度　　　　　B. 结构相对数
   C. 强度相对数　　　　　　D. 动态相对数
7. 某年某企业的劳动生产率为1.5万元/人,这是( )。
   A. 数量标志　　　　　　　B. 质量指标
   C. 品质指标　　　　　　　D. 总量指标
8. 某高新技术开发区现有人口11万,有8家医院(其病床数合计为700床),则开发区的每万人的病床数为63.64,这个指标属于( )。
   A. 平均指标　　　　　　　B. 相对指标
   C. 总量指标　　　　　　　D. 发展水平指标
9. 用水平法检查五年计划的执行情况适用于( )。

A. 规定计划期初应达到的水平
B. 规定计划期内某一时期应达到的水平
C. 规定计划期末应达到的水平
D. 规定五年累计应达到的水平

10. 某车间7月份生产老产品的同时，新产品首次小批投产，出现34件废品，全车间的废品率为1.3%，8月份老产品下马，新产品大批投产，全部制品10 000件，其中废品12件，则8月份产品质量(　　)。
   A. 提高　　　B. 下降　　　C. 不变　　　D. 无法确定

11. 如果所有标志值的频数都减少为原来的1/10，而标志值仍然不变，那么算术平均数(　　)。
   A. 不变　　　　　　　　　　B. 扩大到10倍
   C. 减少为原来的1/10　　　　D. 不能预测其变化

12. 甲：2012年底某地区户籍人口6 675.7万人，常住人口6 118万人；乙：2012年某地区人口出生人数为82万人，则(　　)。
   A. 甲是时期指标，乙是时期指标
   B. 甲是时点指标，乙是时期指标
   C. 甲是时期指标，乙是时点指标
   D. 甲是时点指标，乙是时点指标

13. 调查2013级统计系62名同学学习成绩，获得部分信息，其中属于总体单位总量指标的是(　　)。
   A. 班级学生人数62人
   B. 全班"回归分析"平均成绩为75.6分
   C. 全班"高等数学"成绩总和为4340分
   D. 全班同学的学习成绩

14. 某地区有100个工业企业，职工人数为10万人，工业总产值为10.5亿元，在研究工业企业职工分布和劳动生产率的情况时，(　　)。
   A. 100个企业既是总体标志总量，又是总体单位总量
   B. 10万人既是总体标志总量，又是总体单位总量
   C. 10.5亿元既是总体标志总量，又是总体单位总量
   D. 每个企业的产值既是总体标志总量，又是总体单位总量

15. 某企业2013年计划规定某种产品单位成本降低8%，实际降低5%，则该企业本年产品单位成本计划完成程度为(　　)。
   A. 103.26%　　B. 3.26%　　C. 62.5%　　D. 22%

16. 下列情况下次数对平均数不发生影响的是( )。
    A. 标志值较小而次数较多时
    B. 标志值较大而次数较少时
    C. 标志值较小而次数较少时
    D. 标志值出现次数全相等时
17. 计算相对数的平均数时,如果掌握了基本公式的分子资料而没有掌握其分母资料,则应采用( )。
    A. 算术平均数　　B. 几何平均数　　C. 调和平均数　　D. 以上均可
18. 某企业有A、B两个车间,2012年A车间人均工资1500元,B车间人均工资1800元;2013年A车间增加10%的工人,B车间增加8%的工人。如果A、B两个车间2013年人均工资都维持上年水平,则全厂工人平均工资相比会( )。
    A. 提高　　　　B. 下降　　　　C. 持平　　　　D. 不一定
19. 若两个数列的标准差相等而平均数不等,则( )。
    A. 平均数小的代表性大　　　　B. 平均数大的代表性大
    C. 代表性相等　　　　　　　　D. 无法判断
20. 计算平均指标时,最常用的方法和最基本的形式是( )。
    A. 中位数　　B. 众数　　C. 调和平均数　　D. 算术平均数
21. 某班45名学生中,25名男生某门课的平均成绩为78分,20名女生的平均成绩为82分,则全班平均成绩为( )。
    A. 80　　　B. 79.28　　　C. 79.78　　　D. 80.38
22. 某商场销售洗衣机,2013年共销售6 000台,年底库存50台,这两个指标是( )。
    A. 时期指标　　　　　　　　B. 时点指标
    C. 前者是时期指标后者是时点指标
    D. 前者是时点指标后者是时期指标
23. 已知某银行定期存款占全部存款60%,则该成数的方差为( )。
    A. 0.20　　　B. 0.24　　　C. 0.25　　　D. 0.30
24. 平均差和标准差的主要区别是( )
    A. 意义有本质区别　　　　　B. 适应条件不同
    C. 数学处理方法不同　　　　D. 反映的变异程度不同
25. 统计中最常用的标志变异指标是( )。
    A. 平均差　　B. 标准差　　C. 平均差系数　　D. 标准差系数
26. 计算平均指标的前提条件是总体单位的( )。

A. 大量性　　　B. 具体性　　　C. 同质性　　　D. 数量性

27. 甲企业职工平均工资高于乙企业,而两企业职工工资的标准差又正好相等,那么(　　)。

　　A. 甲企业职工平均工资代表性大
　　B. 两个企业职工平均工资的代表性一样大
　　C. 乙企业职工平均工资代表性大
　　D. 无法评价哪个企业职工平均工资代表性大小

28. 简单算术平均数可以看作是加权算术平均数的特例(　　)。

　　A. 变量值项数少　　　　　　B. 无须加权计算
　　C. 各变量值权数都不相等
　　D. 各变量值权数都相等,且又都为1

29. 加权算术平均数的大小(　　)。

　　A. 仅受变量值大小影响　　　B. 仅受各组次数影响
　　C. 受变量质及次数两者共同影响　　D. 不受变量值及次数影响

30. 在变量数列中,标志值较小的组,但权数较大时,计算出来的平均数(　　)。

　　A. 接近于标志值小的一方
　　B. 接近于标志值大的一方
　　C. 接近于平均水平的标志值
　　D. 不受权数的影响

31. 几何平均数主要适用于计算(　　)。

　　A. 具有等差关系的数列
　　B. 变量值的连乘积等于总比率或总速度的数列
　　C. 变量值为偶数项的数列
　　D. 变量值的连乘积等于变量值之和的数列

32. 某储蓄所9月末的储蓄存款余额是8月末的105%,这个指标是(　　)。

　　A. 动态相对指标　　　　　　B. 比较相对指标
　　C. 比例相对指标　　　　　　D. 计划完成程度相对指标

33. 某年某市机械工业公司所属三个企业计划规定的产值分别为400万元,600万元,500万元。执行结果,计划完成程度分别为108%,106%,108%,则该公司三个企业平均计划完成程度为(　　)。

　　A. $\sqrt[3]{108\% \times 106\% \times 108\%} = 107.33\%$

第四章 统计指标

B. $\dfrac{106\% \times 1 + 108\% \times 2}{1+2} = 107.33\%$

C. $\dfrac{400+600+500}{\dfrac{400}{108\%}+\dfrac{600}{106\%}+\dfrac{500}{108\%}} = 107.19\%$

D. $\dfrac{108\% \times 400 + 106\% \times 600 + 108\% \times 500}{400+600+500} = 107.2\%$

34. 某保险公司有职工 250 名,除以 250,这是( )。
    A. 对 250 个标志求平均　　　　B. 对 250 个变量求平均
    C. 对 250 个指标求平均　　　　D. 对 250 个标志值求平均

35. 某地区 2013 年底有 1000 万人口,零售商店数有 5 万个,则商业网点密度指标为( )。
    A. 5 个/千人　　　　　　　　B. 0.2 千人/个
    C. 200 个/人　　　　　　　　D. 0.2 个/千人

36. 平均差(A·D)的取值范围是( )。
    A. A·D=0　　　　　　　　　B. A·D≤0
    C. A·D≥0　　　　　　　　　D. 0≤A·D≤1

37. 用无名数表示的标志变异指标是( )。
    A. 全距　　　　　　　　　　B. 平均差
    C. 标准差　　　　　　　　　D. 标准差系数

38. 是非标志的标准差是( )。
    A. $\sqrt{p(1-p)}$　　　　　　　B. $p(1-p)$
    C. $\sqrt{1-p}$　　　　　　　　D. $1-p$

39. 标志变异指标与平均数的代表性之间存在着( )。
    A. 正向关系　　　　　　　　B. 反向关系
    C. 恒等关系　　　　　　　　D. 倒数关系

40. 标志变异指标中,计算方法简单的是( )。
    A. 平均差　　　　　　　　　B. 标准差
    C. 全距　　　　　　　　　　D. 标准差系数

二、多项选择题

1. 下列指标中属于总量指标的是( )。
    A. 工资总额　　　B. 商业网点密度　　　C. 商品库存额

D. 人均 GDP　　　　　E. 进出口总额
2. 下列指标中的结构相对数是(　　)。
　　A. 集体所有制企业职工占职工总数的比重
　　B. 某工业产品产量比上年增长的百分比
　　C. 大学生占全部学生的比重
　　D. 某年积累额占国民收入的比重
　　E. 某年人均消费额
3. 分子分母有可能互换的相对指标有(　　)。
　　A. 计划完成相对数　　B. 结构相对数　　　C. 比较相对数
　　D. 动态相对数　　　　E. 强度相对数
4. 下列指标中属于强度相对数的有(　　)。
　　A. 人均粮食产量　　　B. 人均钢产量　　　C. 人均国民收入
　　D. 工人劳动生产率　　E. 职工月平均工资
5. 下列哪些平均数的计算应采用加权算术平均数公式?(　　)
　　A. 已知三个企业的计划完成程度及相应的计划数,求平均计划完成程度
　　B. 已知小组职工的平均产量和总产量时,求平均产量
　　C. 已知每个月的人均利税额及工人人数时,求人均利税额
　　D. 已知各商店资金利润率和资金占用额,求平均资金利润率
　　E. 已知各乡平均公顷产量和各乡村数时,求总平均公顷产量
6. 相对指标中,属于同类现象对比的是(　　)。
　　A. 比例相对指标　　　B. 计划完成程度相对指标
　　C. 比较相对指标　　　D. 结构相对指标
　　E. 强度相对指标
7. 下列指标中,属于时期指标的是(　　)。
　　A. 年末职工人数　　　B. 资金利润率　　　C. 产品产量
　　D. 人均国内生产总值　E. 销售收入
8. 下列指标中,属于时点指标的是(　　)。
　　A. 年末职工人数　　　B. 年内新增职工人数　C. 货币供应量
　　D. 固定资产投资额　　E. 固定资产余额
9. 下列各种陈述中(　　)是正确的。
　　A. 权数越大,对应组的标志值在计算平均数中起的作用越大
　　B. 当各标志值出现的次数相同时,加权算术平均数等于简单算术平均数
　　C. 标志变异指标的数值越大,平均数的代表性就越好

D. 当总体内的次数呈对称钟形分布时,算术平均数、众数和中位数三者相等

E. 如果两个数列的全距相同,它们的离散程度也就相同

10. 下列指标中,属于强度相对指标的是( )。
    A. 资产负债率　　B. 平均年龄　　C. 产品合格率
    D. 资金利润率　　E. 人均国内生产总值

11. 调和平均数的计算公式有( )。
    A. $H = \dfrac{n}{\sum \dfrac{1}{x}}$　　B. $\bar{x} = \dfrac{\sum xf}{\sum f}$　　C. $\bar{x} = \dfrac{\sum x}{n}$
    D. $H = \dfrac{\sum m}{\sum \dfrac{m}{x}}$　　E. $G = \sum \sqrt[f_i]{\prod x_i^{f_i}}$

12. 标志变异指标能反映( )。
    A. 变量的一般水平　　　　　　B. 总体分布的集中趋势
    C. 总体分布的离中趋势　　　　D. 变量分布的离中趋势
    E. 现象的总水平

13. 在什么条件下,加权算术平均数等于简单算术平均数?( )
    A. 各组次数相等　　B. 各组变量不等　　C. 变量数列为组距数列
    D. 各组次数为1　　E. 各组次数所占比重相等

14. 下列必须计算离散系数来比较两数列的离散程度大小的有( )。
    A. 平均数大的标准差亦大,平均数小的标准差亦小
    B. 平均数大的标准差亦大,平均数小的标准差却大
    C. 两个平均数相等　　　　　　D. 两数列计量单位不同
    E. 两标准差相等

15. 标志变异指标中的标准差和变异系数的区别是( )。
    A. 两者的作用不同　　　　　　B. 两者的计算方法不同
    C. 两者的适用条件不同　　　　D. 指标表现形式不同
    E. 与平均数的关系不同

16. 平均指标与变异指标结合运用体现在( )。
    A. 用变异指标说明平均指标代表性的大小
    B. 以变异指标为基础,用平均指标说明经济活动的均衡性
    C. 以平均指标为基础,用变异指标说明经济活动的均衡性
    D. 以平均指标为基础,用变异指标说明经济活动的节奏性

E. 以平均指标为基础,用变异指标说明总体各单位的离散程度

17. 在各种平均指标中,不受极端数值影响的平均指标是(   )。
    A. 算术平均数   B. 调和平均数   C. 几何平均数
    D. 中位数   E. 众数

18. 计算加权算术平均数,在选择权数时应具备的条件是(   )。
    A. 权数与标志值相乘能够构成标志总量
    B. 权数必须表现为标志值的直接承担者
    C. 权数必须是总体单位数
    D. 权数与标志值相乘具有经济意义
    E. 权数必须是单位数比重

19. 下列情况应该采取调和平均数的是(   )。
    A. 已知各企业的计划任务数和计划完成程度,计算平均计划完成程度
    B. 已知各企业的实际完成数和计划完成程度,计算平均计划完成程度
    C. 已知各商品的销售单价和销售额,计算商品的平均销售单价
    D. 已知各商品的销售单价和销售数量,计算商品的平均销售单价
    E. 已知分组的粮食单位产量和各组粮食总量,计算总的平均粮食单位产量

20. 下列总体标志变动度的指标中,是无名数的有(   )。
    A. 方差   B. 全距   D. 平均差系数
    C. 标准差   E. 标准差系数

三、简答题

1. 试述总量指标的概念和种类。
2. 试述时期指标和时点指标的特点。
3. 相对指标有几种?其作用如何?
4. 强度相对数与比较相对数、比例相对数有什么区别?强度相对数又与平均数有什么不同?
5. 在分析长期计划执行情况时,水平法和累计法有什么区别?
6. 加权算术平均数与加权调和平均数有何区别与联系?
7. 试述算术平均数与调和平均数的关系如何。在什么情况下需要计算调和平均数?
8. 简述算术平均数、调和平均数、几何平均数、众数、中位数的意义以及它们之间的关系。

9. 标志变异指标的意义和作用有哪些?

10. 全距、平均差、标准差及标准差变异系数各有什么特点?

11. 什么是标志变异系数? 其应用的条件是什么?

12. 为什么相对指标要与总量指标结合起来应用?

四、计算题

1. 某三个企业近两年来增加值完成情况统计资料如下表所示:

企业	上年完成增加值	本年				计划完成 (%)	本年为上年的百分率(%)
		计划		实际			
		增加值	比重(%)	增加值	比重(%)		
甲	1300	1500		1450			
乙	800	1000				100	
丙	1450			1550		95	
合计							

要求:计算并填写空格中的数字。

2. 下表是某公司所属三个商场的有关资料:

商场	2013年销售额(万元)			计划完成 (%)	2013年流通费用(万元)	
	计划金额	实际			流通费用	流通费用率(%)
		金额	比重(%)			
(甲)	(1)	(2)	(3)	(4)	(5)	(6)
甲	500	550				9
乙	750			120	99.0	
丙	1250	1100				10
合计						

请填写上表中的空格,并指出上述各指标的类型。(流通费用率=流通费用/销售额)

3. 某厂400名工人的工资见下表:

按月工资分组	工人数
600 以下	60
600—800	100
800—1000	140
1000—1200	60
1200 以上	40
合计	400

试根据上述资料计算该厂工人的平均工资和标准差。

4. 某厂三个车间一季度生产情况如下：第一车间实际产量为 200 件，完成计划 95%；第二车间实际产量为 280 件，完成计划 100%；第三车间实际产量为 650 件，完成计划 105%，请问这三个车间产品产量的平均计划完成程度是多少？

5. 某产品五年计划规定，最后一年产量应达到 45 万吨，计划执行情况如下表所示：

时间	第一年	第二年	第三年		第四年				第五年			
			上半年	下半年	一季	二季	三季	四季	一季	二季	三季	四季
产量	30	30	17	19	10	10	11	12	12	13	15	16

试根据上述资料计算计划完成程度以及提前完成计划的时间。

6. 下面是我国 2000 年、2010 年的人口（单位：万人）资料：

指　标	2000 年	2010 年
人口总数	126 583	133 972
其中：男	65 355	68 685
女	61 288	65 287

资料来源：第五次、第六次全国人口普查公报。

另外，我国国土面积（陆地）960 万平方千米。

试计算全部可能的相对指标，并指出它们属于哪一种相对指标。

7. 指出下列资料中有下划线的部分属于什么性质的相对指标：

(1) 某区 2013 年人口密度为 400 人/平方千米。

(2) 某市 2013 年空调的销售量比上年增长 2.6 倍。

(3) 某县发改委对 50 户居民进行家庭经济计划调查所得资料表明,2013 年用于生活费用支出 15 万元,其中住房支出占比为 48%。

(4) 按 2013 年人民币兑美元汇率折算,安徽省人均 GDP 为 5116 美元,江苏省人均 GDP 为 12049 美元,则人均 GDP 安徽省为江苏省的 42.46%,江苏省是安徽省的 2.36 倍。

(5) 卫生部公布的 2013 年我国卫生事业发展统计公报显示:2013 年末,全国卫生机构总数 97.44 万个。则我国每个卫生机构所负担的人口数大致为 0.15 万人。

(6) 2013 年我国人口出生率为 12.08‰。

(7) 我国目前钢材的利用率大致为 70%。

8. 某企业 2012 年某产品单位成本为 520 元,2013 年计划降低 5%,而实际执行的结果降低了 6%,试确定 2013 年单位成本的计划数和实际数,并计算 2013 年降低成本计划完成程度指标。

9. 已知某商贸公司下属 20 个企业的分组资料如下表所示:

按销售额计划完成程度(%)分组	企业个数(个)	实际销售额(万元)	销售利润率(%)
100 以下	3	590	12
100—110	12	4300	18
110—120	5	1728	22
合 计	20	6618	—

请计算公司销售额平均计划完成程度及公司的平均销售利润率。

10. 某车间 120 人日生产产品 478 件,具体情况如下表所示:

日产量 x(件)	1	2	3	4	5	6	7	8
人数 f(个)	5	12	20	38	25	10	8	2

(1) 总量指标是(　　)。

　　A. 某车间日生产产品总数

　　B. 日生产产品数为 4 的工人数

　　C. 日产 3 件的工人数占总工人数的 25%

　　D. 每个工人平均日产量

(2) 日产量的中位数是(　　)。

　　A. 4　　　　B. 4.5　　　　C. 5　　　　D. 8

(3) 日产量的众数是( )。
　　A. 4　　B. 4.5　　C. 5　　D. 8
(4) 该车间工人日产量的全距是( )。
　　A. 4.5　　B. 4.5　　C. 8　　D. 7
(5) 该车间工人日产量的平均差是( )。
　　A. 4　　B. 478/120　　C. 2
　　D. $\dfrac{|1-4.15|\times 5+|2-4.15|\times 12+\cdots+|8-4.15|\times 2}{120}=\dfrac{140.5}{120}=1.17$
(6) 该车间工人日产量的方差与标准差是( )。
　　A. 4,2　　B. 4.5,2.1　　C. 2,1.14
　　D. $\sigma=\sqrt{\dfrac{\sum(x-\bar{x})^2 f}{\sum f}}, \sigma^2=\dfrac{\sum(x-\bar{x})^2 f}{\sum f}$
(7) 该车间工人日产量的平均差系数是( )。
　　A. $\dfrac{1.17}{4.15}$　　B. $\dfrac{2}{4.15}$　　C. $\dfrac{4}{4.15}$　　D. $\dfrac{4.5}{4.5}$

11. 某公司所属 6 个企业，按生产某产品平均单位成本高低分组，其各组产量占该公司总产量的比重资料如下表所示：

按平均单元成本分组(元/件)	企业数	各组产量占总产量比重(%)
10—12	1	22
12—14	2	40
14—18	3	38
合　计	6	100

试计算该公司所属企业的平均单位成本。

12. 某企业工人各级别的工资额及相对应的工资总额资料如下表所示：

工资额(元)	工资总额(元)
460	2300
520	7800
600	10800
700	7000
850	1700
合　计	29600

试计算工人平均工资。

13. 某地区抽样调查职工家庭收入资料如下表所示,试计算职工家庭平均每人月收入(算术平均数),并用下限公式计算中位数和众数。

按平均月收入分组(元)	职工户数
100—200	6
200—300	10
300—400	20
400—500	30
500—600	40
600—700	240
700—800	60
800—900	20
合　计	426

14. 某种蔬菜早、午、晚的价格及购买金额资料如下表所示：

时　间	价格(元/千克)	购买金额(元)
早	0.50	10
午	0.40	12
晚	0.20	14
合　计	—	36

试计算该种蔬菜的平均购买价格。

15. 某酒店到三个农贸市场购买草鱼,其每千克的单价分别为:9元,9.4元,10元,若各买5千克,则平均价格为多少？若各买100元,则平均价格又为多少？

16. 某公司所属三个企业的销售利润率资料如下：

(1)			(2)		
企业	利润率(%)	销售额(万元)	企业	利润率(%)	利润额(万元)
甲	10	1500	甲	10	150
乙	12	2000	乙	12	240
丙	13	3000	丙	13	390

根据资料(1)和(2),试分别计算该公司三个企业的平均利润率。

17. 某种产品的生产需要经过10道工序的流水作业,有2道工序的合格率都为90%,有3道工序的合格率都为92%,有4道工序的合格率都为94%,有1道工序的合格率都为98%,试计算该产品的平均合格率。

18. 某企业三个车间2013年的产品生产情况如下表所示:

车间	合格率(%)	合格品产量(辆)	生产总工时(小时)
A	98	19600	2200
B	95	18620	2800
C	99	18434	3200
合计		56654	8200

要求:

(1) 若这三个车间是分别(依次)完成整辆产品的其中某一道工序的加工装配过程,三个车间的平均合格率和平均废品率应如何计算?全厂总合格率为多少?

(2) 若这三个车间是独立(各自)完成整辆产品的生产加工装配过程,三个车间的平均合格率和平均废品率应如何计算?此时全厂总合格率为多少?

(3) 若这三个车间生产的产品使用价值完全不同,则全厂平均合格率和废品率应如何计算?为多少?

19. 甲、乙两单位职工人数及日产量资料如下表所示:

甲单位		乙单位	
日产量 x(件)	职工人数 f(人)	日产量 x(件)	职工人数 f(人)
145	4	140	5
155	8	160	10
170	15	175	24
185	20	187	15
195	7	197	2
215	3	220	1
合计	57	合计	57

试比较哪一个单位的平均日产量更具有代表性。

20. 某工厂生产一批零件共10万件,为了解这批产品的质量,采取不重复抽样的方法抽取1000件进行检查,其结果如下表所示,根据质量标准,使用寿命

800 小时及以上者为合格品。计算平均合格率、标准差及标准差系数。

使用寿命(小时)	零件数(件)
700 以下	10
700—800	60
800—900	230
900—1000	450
1000—1200	190
1200 以上	60
合　计	1000

21. 有两个班学生的统计学考试成绩如下表所示,请分别计算两个班的平均成绩,并说明哪个班的平均成绩更具有代表性。

成　绩	学生数	
	一班	二班
50 以下	1	2
50—60	3	3
60—70	6	6
70—80	12	9
80—90	8	12
90 以上	2	3
合　计	32	35

22. A、B 两个组的学生考分资料如下表所示:

学生序号	学生考分(分)	
	A 组	B 组
甲	65	68
乙	70	70
丙	75	76
丁	80	80
戊	85	81
合　计	375	375

试问:A、B两组学生中哪一组学生的平均考分更具有代表性(用平均差和标准差计算)?

第四部分 习题答案

一、单项选择题

1. B   2. D   3. D   4. D   5. B   6. C   7. B   8. B
9. C   10. B 11. A 12. B 13. A 14. B 15. A 16. D
17. C 18. B 19. B 20. D 21. C 22. C 23. B 24. C
25. B 26. C 27. A 28. C 29. A 30. A 31. B 32. A
33. D 34. D 35. A 36. C 37. D 38. A 39. B 40. C

二、多项选择题

1. ACE   2. ACD   3. CE   4. ABC   5. ACD   6. ABCD
7. CE   8. AEC   9. ABD   10. ADE 11. AD   12. CD
13. ADE 14. AD   15. BCDE 16. ACE 17. DE   18. AD
19. BCE 20. DE

三、简答题

1. 总量指标,是反映社会经济现象发展的总规模、总水平的综合性指标。

总量指标按其反映的总体内容不同,分为总体单位总量和总体标志总量。总体单位总量是总体单位数的合计数,是用来反映总体规模大小的总量指标;总体标志总量是指反映总体中各单位标志值总和的总量指标。

总量指标按其反映的时间状况不同,分为时期指标和时点指标。时期指标,是指反映社会经济现象在某一时段内发展变化结果的总量指标;时点指标,是指反映社会经济现象在某一时刻所处水平的总量指标。

2. 时期指标的特点有:① 不同的时期指标数值具有可加性;② 时期指标数值大小与时期长短有直接关系;③ 时期指标数值是连续登记、累计的结果。

时点指标的特点有:① 不同时点的指标数值不具有可加性;② 时点指标的数值的大小与其时间间隔长短无关;③ 时点指标数值是非连续调查、非连续登记的结果。

3. 相对指标又称统计相对数。它是两个有联系的现象数值的比率,常用的相对指标有结构相对指标、比较相对指标、比例相对指标、强度相对指标、动态相对指标和计划完成程度相对指标等六种,用以反映现象的发展程度、结构、强度、普遍程度或比例关系。

4. 强度相对数是两个性质不同而有联系的指标对比,说明一个现象在另一个现象中发展的强度、密度或普遍程度。比较相对数是同类指标在不同单位(国家、部门、地区、企业、农村、个人等等)之间的对比,反映它们之间的差距和发展的不平衡程度。比例相对数是总体中各组之间的数量对比,它反映现象总体各组之间的关系,分析现象之间是否协调一致,平衡比例是否相互适应等。

强度相对数可以用双重单位的有名数表示,也可以用百分数的无名数表示。比较相对数则为无名数,只能用倍数、百分数等表示。而比例相对数的表现形式除了倍数、百分数外,还表现为基数抽象化为 1,10,100,1000 时,被比较的数值是多少。

强度相对数和平均数在计算式上比较相似,都是两个总量指标的比值。但是,平均数是同一总体各单位标志值的平均,因而表现为总体内标志总量与单位总量的对比,如劳动生产率为产品产量与工人人数之比,单位产品成本为产品总成本与产品产量之比,平均工资为工资总额与工人数之比等。而强度相对数用作对比的两个总量指标,来自不同总体。如人口密度为人口总数与土地面积之比,"平均每人钢铁产量"则是钢铁产量与人口数之比,等等。可见,它们之间的区分还是明显的。

5. 累计法是按各年完成任务的总和下达计划任务,即

$$计划完成程度 = \frac{计划全期累计实际完成数}{计划全期累计计划数}$$

水平法是按计划期末应达到的水平下达计划任务,即

$$计划完成程度 = \frac{计划末期实际达到的水平}{计划规定末期应达到的水平}$$

当计划指标是按计划期内各年的总和规定任务时,即计划全期累计完成的水平,就要求按累计法计算;当计划指标是以计划期末(最末年)应达到的水平下达时,则用水平法来检查。

6. 加权算术平均数与加权调和平均数是计算平均指标时常常用到的两个指标。加权算术平均数中的权数一般情况下是资料已经分组得出分配数列的情况下标志值的次数。而加权调和平均数的权数是直接给定的标志总量。在经济统计中经常因为无法直接得到被平均标志值的相应次数的资料而采用调和平均数的基本公式,这时的调和平均数是算术平均数的变形。它仍然依据算术平均数的

基本公式:标志总量除以总体单位总量来计算。它与算术平均数的关系用公式表达为

$$\bar{x} = \frac{\sum m}{\sum \frac{m}{x}} = \frac{\sum xf}{\sum \frac{1}{x}xf} = \frac{\sum xf}{\sum f}$$

7. 它们都是反映社会经济现象总体各单位某一数量标志在一定时间、地点条件下所达到的一般水平,二者计算公式相同,即其值都等于$\frac{总体标志总量}{总体单位总量}$。在实际工作中,根据掌握资料的情况来选择是用算术平均数还是用调和平均数。其原则是:"**缺分子,用算术;缺分母,用调和**。"具体就是:由相对数或平均数计算平均数时,如果缺乏基本公式中的分子资料,掌握的权数资料是基本公式的分母,且权数资料与变量值 x 相乘后的经济含义与基本公式的分子相吻合,则应采用加权算术平均数的方法计算;如果缺乏基本公式中的分母资料,掌握的权数资料是基本公式的分子,且权数资料与变量值 x 相除后的经济含义和基本公式的分母相吻合,则应采用加权调和平均数的方法计算。

8. 联系:算术平均数、调和平均数、几何平均数、众数、中位数都是平均指标,是用来反映社会经济现象总体各单位某一数量标志在一定时间、地点条件下所达到的一般水平的统计指标。它都能把总体各单位标志值的差异抽象化,能代表总体各单位标志值的一般水平。

区别:前三种平均数是根据总体所有标志值计算的,称为数值平均数;后两种平均数是根据标志值所处的位置来确定的,称为位置平均数。

9. 变异指标是反映现象总体中各单位标志值变异程度的指标。以平均指标为基础,结合运用变异指标是统计分析的一个重要方法。变异指标的作用有:反映现象总体各单位变量分布的离中趋势;说明平均指标的代表性程度;测定现象变动的均匀性或稳定性程度。

10. 全距是测定标志变异程度的最简单的指标,它是标志的最大值和最小值之差,反映总体标志值的变动范围。全距仅取决于两个极端数值,不能全面反映总体各单位标志值变异的程度,也不能拿来评价平均指标的代表性。

平均差是各单位标志值对其算术平均数的离差绝对值的算术平均数,反映的是各标志值对其平均数的平均差异程度。它能全面准确地反映一组数据的离散状况,但由于是以离差的绝对值来表示总离差的,这给计算带来了不便,同时平均差在数学性质上也不是最优的,因而实际中应用较少。

标准差是总体中各单位标志值与算术平均数的离差平方的算术平均数的平

方根,又称为均方差。它能全面准确地反映一组数据的离散状况,还有无偏性、有效性等数学特性,因此它是测定标志变动程度的最主要的指标。

标准差系数是以相对数形式表示的变异指标。它是由标准差与平均数对比得到的。当所对比的两个数列的水平高低不同时,就不能采用全距、平均差或标准差进行对比分析,因为它们都是绝对指标,其数值的大小不仅受到各单位标志值差异程度的影响,而且受到总体单位标志值本身水平高低的影响;为了对比分析不同水平的变量数列之间标志值的变异程度,就必须消除数列水平高低的影响,这时就要计算标准差系数。

11. 变异系数是以相对数形式表示的变异指标。它是通过变异指标中的全距、平均差或标准差与平均数对比得到的。常用的是标准差系数。变异系统的应用条件是:当所对比的两个数列的水平高低不同时,就不能采用全距、平均差或标准差进行对比分析。因为它们都是绝对指标,其数值的大小不仅受到各单位标志值差异程度的影响,而且受到总体单位标志值本身水平高低的影响;为了对比分析不同水平的变量数列之间标志值的变异程度,就必须消除数列水平高低的影响,这时就要计算变异系数。

12. 总量指标能够反映现象发展的总规模和总水平,但却不易看清现象发展的程度和差别;相对指标反映了现象之间的数量对比关系和差异程度,但却将现象的具体规模和水平抽象化,从而掩盖了现象间总量上的差别。只用总量指标不易说明现象差别的程度,只用相对指标又无法反映出这种差别的实际意义。因此,必须将相对指标与总量指标结合起来使用,这样才能达到对客观事物全面正确的认识。

四、计算题

1. 计算结果如下表所示:

企业	上年完成增加值	本年计划 增加值	本年计划 比重(%)	本年实际 增加值	本年实际 比重(%)	计划完成(%)	本年为上年的百分率(%)
甲			36.31		36.25	96.67	111.54
乙			24.20	1000.00	25.00		125.00
丙		1631.58	39.49		38.75		106.90
合计	3550.00	4131.58	100.00	4000.00	100.00	96.82	112.68

2. 计算结果如下表所示：

商场	2013年销售额（万元）			计划完成（%）	2013年流通费用（万元）	
	计划金额	实际金额	比重(%)		流通费用	流通费用率(%)
（甲）	(1)	(2)	(3)	(4)	(5)	(6)
甲			21.57	110	49.5	
乙	900		35.29			11.00
丙			43.14	88	110	
合计	2500	2550	100.00	102	258.5	10.14

其中，(1)、(2)、(5)为总量指标；(3)为结构相对指标；(4)为计划完成程度相对指标；(6)为强度相对指标。

3. 计算过程所需数据和计算结果如下表所示：

按月工资分组	组中值 x	工人数 f	xf	x^2	$x^2 f$
600 以下	500	60	30000	250000	15000000
600—800	700	100	70000	490000	49000000
800—1000	900	140	126000	810000	113400000
1000—1200	1100	60	66000	1210000	72600000
1200 以上	1300	40	52000	1690000	67600000
合计	—	400	344000	4450000	317600000

所以工人的平均工资：

$$\bar{x} = \frac{\sum xf}{\sum f} = \frac{344000}{400} = 860$$

工人的工资标准差：

$$\sigma = \sqrt{\frac{\sum x^2 f}{\sum f} - \left(\frac{\sum xf}{\sum f}\right)^2} = \sqrt{\frac{317600000}{400} - 860^2} = 233.24$$

第四章 统计指标

4. 平均计划完成程度：

$$H = \frac{\sum m}{\sum \frac{m}{x}} = \frac{200+280+650}{\frac{200}{0.95}+\frac{280}{1}+\frac{650}{1.05}} = 101.84\%$$

5. (1) 第五年末完成水平为 56 万吨,则

$$计划完成程度 = 56/45 \times 100\% = 124.44\%$$

(2) 从表中第四年的第二季度起,至第五年的第一季度止的连续一年中,达到了计划所规定的水平,即 $10+11+12+12 = 45$ 万吨,则该产品提前三个季度完成了五年计划。

6.

	2000 年			2010 年			2010 年/2000 年 (%)
	人口数（万人）	比重（%）	人口密度（人/平方千米）	人口数（万人）	比重（%）	人口密度（人/平方千米）	
人口总数	126 583	100	131.86	133 972	100	139.56	105.84
其中：男	65 355	51.62		68 685	51.27		105.10
女	61 288	48.37		65 287	48.73		106.52

人口性比例（以女性人口为 100）：2000 年为 106.74；2010 年为 106.64。

上述可计算的相对指标有结构相对数、强度相对数、动态相对数和比例相对数。

7. 分别为强度、动态、比重、比较、强度、结构、结构。

8. 2013 年单位成本计划数为：$520-520\times 5\% = 494$(元)。

2013 年单位成本实际数为：$520-520\times 6\% = 488.8$(元)。

2013 年降低成本计划完成程度为：$489/494\times 100\% = 99.95\%$。

9. 根据相对指标或平均指标权数选取的两个原则,计算销售额平均计划完成程度时不能选取企业个数作为权数,而应选取实际销售额/每组销售额完成程度作为权数,是属于"缺分母"的情况,故计算销售额平均计划完成程度时,应采用加权调和平均数;而计算公司的销售利润率时,不能选取企业个数作为权数,而应选取销售利润率作为权数,是属于"缺分子"的情况,故计算公司的平均销售利润率应采取加权平均数,计算的结果如下表所示：

按销售额计划完成程度(%)分组	组中值	企业个数(个)	实际销售额(万元)	销售利润率(%)	计划销售额(万元)	销售利润(万元)
(1)	(2)	(3)	(4)	(5)	(6)=(4)/(2)×100	(7)=(4)×(5)/100
100以下	95	3	590	12	621.05	70.80
100—110	105	12	4300	18	4095.24	774.00
110—120	115	5	1728	22	1502.61	380.16
合　计	—	20	6618	—	6218.90	1224.96

所以：

$$销售额平均计划完成程度\ H = \frac{实际销售总额}{计划销售总额}$$

$$= \frac{590+4300+1728}{\frac{590}{0.95}+\frac{4300}{1.05}+\frac{1728}{1.15}} \times 100\%$$

$$= \frac{6618}{6218.90} \times 100\% = 106.42\%$$

$$公司的平均销售利润率\ \bar{x} = \frac{销售利润总额}{实际销售总额}$$

$$= \frac{12\% \times 590 + 18\% \times 4300 + 22\% \times 1728}{590+4300+1728}$$

$$= \frac{1224.96}{6618} \times 100\% = 18.51\%$$

10. (1) AB　(2) A　(3) A　(4) D　(5) D　(6) D　(7) A

11. 该公司所属企业的平均单位成本计算过程如下表所示：

按平均单元成本分组（元/件）	企业数	组中值 x	各组产量占总产量比重(%) $f/\sum f$
10—12	1	11	22
12—14	2	13	40
14—18	3	16	38
合　计	6	—	100

平均单位成本：

$$\bar{x} = \sum x \frac{f}{\sum f} = 11 \times 0.22 + 13 \times 0.4 + 16 \times 0.38 = 13.7(件)$$

12. 该企业工人平均工资计算过程所需数据如下表所示：

工资额(元) x	工资总额(元) $m = xf$	工人数(人) $f = m/x$
460	2300	5
520	7800	15
600	10800	18
700	7000	10
850	1700	2
合　计	29600	50

由于

$$各组工作数(f) = \frac{各组工资总额(xf)}{各组工资额(x)}$$

所以平均工资为

$$H = \frac{m_1 + m_2 + \cdots + m_n}{\frac{m_1}{x_1} + \frac{m_2}{x_2} + \cdots + \frac{m_n}{x_n}} = \frac{2300 + 7800 + 10800 + 7000 + 1700}{\frac{2300}{460} + \frac{7800}{520} + \frac{10800}{600} + \frac{7000}{700} + \frac{1700}{850}}$$

$$= \frac{2300 + 7800 + 10800 + 70000 + 1700}{5 + 15 + 18 + 10 + 2} = \frac{29600}{50} = 592(元/人)$$

13. 计算过程所需数据和计算结果如下表所示：

按平均月收入分组(元)	组中值 x	职工户数 f	xf	向上累计	向下累计
100—200	150	6	900	6	426
200—300	250	10	2500	16	420
300—400	350	20	7000	36	410
400—500	450	30	13500	66	390
500—600	550	40	22000	106	360
600—700	650	240	156000	346	320
700—800	750	60	45000	406	80
800—900	850	20	17000	426	20
合　计	—	426	263900	—	—

所以平均每人月收入

$$\bar{x} = \frac{\sum xf}{\sum f} = \frac{263900}{426} = 619.5(元)$$

根据上表数据可以判定,众数组在平均月收入是 600－700 元组,由下限公式,有

$$M_0 = L + \frac{f_n - f_{n-1}}{(f_n - f_{n-1}) + (f_n - f_{n+1})} \times d$$

$$= 600 + \frac{240 - 40}{(240 - 40) + (240 - 60)} \times 100$$

$$= 600 + \frac{200}{200 + 180} \times 100 = 652.6(元)$$

由上限公式,有

$$M_0 = U - \frac{f_n - f_{n-1}}{(f_n - f_{n-1}) + (f_n - f_{n+1})} \times d$$

$$= 700 - \frac{240 - 60}{(240 - 40) + (240 - 60)} \times 100$$

$$= 700 - \frac{180}{200 + 180} \times 100 = 652.6(元)$$

根据上表数据可以判定,向上累计和向下累计的中位数组在平均月收入是 600－700 元组,由下限公式,有

$$M_e = L + \frac{\frac{\sum f}{2} - S_{m-1}}{f_m} d$$

$$= 600 + \frac{\frac{426}{2} - 106}{240} \times 100 = 644.6(元)$$

由上限公式,有

$$M_e = U - \frac{\frac{\sum f}{2} - S_{m+1}}{f_m} \times d$$

$$= 700 - \frac{\frac{426}{2} - 80}{240} \times 100 = 644.6(元)$$

14. 该种蔬菜平均购买价格计算过程所需资料如下表所示:

第四章 统计指标

时 间	价格(元/千克) $m=xf$	购买金额(元) $m=xf$	购买量(千克) $f=m/x$
早	0.25	5	20
午	0.20	6	30
晚	0.10	7	70
合 计	—	8	120

$$\text{蔬菜平均购买价格}(x) = \frac{\text{蔬菜购买金额}(xf)}{\text{蔬菜购买量}(f)}$$

蔬菜平均购买价格为

$$H = \frac{\sum m}{\sum \frac{m}{x}} = \frac{5+6+7}{\frac{5}{0.25}+\frac{6}{0.2}+\frac{7}{0.1}} = \frac{5+6+7}{20+30+70} = \frac{18}{120} = 0.15(\text{元}/\text{千克})$$

15. $\bar{x} = \frac{\sum xf}{\sum f} = \frac{142}{15} = 9.47(\text{元}/\text{千克})$

$$H = \frac{\sum m}{\sum \frac{m}{x}} = \frac{300}{\frac{100}{9}+\frac{100}{9.4}+\frac{100}{10}} = 9.45(\text{元}/\text{千克})$$

16. (1) $\bar{x} = \frac{\sum xf}{\sum f} = \frac{1500 \times 10\% + 2000 \times 12\% + 3000 \times 13\%}{6500} = \frac{780}{6500} = 12\%$

(2) $H = \frac{\sum m}{\sum \frac{m}{x}} = \frac{150+240+390}{\frac{150}{0.1}+\frac{240}{0.12}+\frac{390}{0.13}} = 12\%$

17. $G = \sqrt[10]{0.9^2 \times 0.92^3 \times 0.94^4 \times 0.98} = 0.9297 = 92.97\%$

18. (1) 应用几何平均数

平均合格率 $G = \sqrt[3]{0.98 \times 0.95 \times 0.99} = 0.9732 = 97.32\%$

总合格率 $\prod = 0.98 \times 0.95 \times 0.99 = 92.17\%$

(2) 应用调和平均数(合格品产量为 m)

平均合格率:$H = \dfrac{\sum m}{\sum \dfrac{m}{x}} = \dfrac{19600+18620+18434}{\dfrac{19600}{0.98}+\dfrac{18620}{0.95}+\dfrac{18434}{0.99}} = \dfrac{56654}{58220.20} = 97\%$

总合格率 = 平均合格率 = 97%

（3）利用生产工时（合格品生产工时为 n）

$H = \dfrac{\sum n}{\sum \dfrac{n}{x}} = \dfrac{2200+2800+3200}{\dfrac{2200}{0.98}+\dfrac{2800}{0.95}+\dfrac{3200}{0.99}} = \dfrac{8200}{8424.59} = 97\%$

总合格率 = 平均合格率 = 97%

19. 计算过程所需数据和计算结果如下表所示：

甲单位				乙单位			
日产量 $x_甲$(件)	职工人数 $f_甲$(人)	$x_甲 f_甲$	$(x_甲-\bar{x}_甲)^2 f_甲$	日产量 $x_乙$(件)	职工人数 $f_乙$(人)	$x_乙 f_乙$	$(x_乙-\bar{x}_乙)^2 f_乙$
145	4	580	4096	140	5	700	5780
155	8	1240	3873	160	10	1600	1960
170	15	2550	735	175	24	4200	24
185	20	3700	1280	187	15	2805	2535
195	7	1365	2268	197	2	394	1058
215	3	645	4332	220	1	220	2116
合　计	57	10080	16583	合　计	57	9919	13473

所以

$$\bar{x}_甲 = \dfrac{\sum x_甲 f_甲}{\sum f_甲} = \dfrac{10080}{57} = 176.8(件)$$

$$\bar{x}_乙 = \dfrac{\sum x_乙 f_乙}{\sum f_乙} = \dfrac{9919}{57} = 174.0(件)$$

$$\sigma_甲 = \sqrt{\dfrac{\sum (x_甲-\bar{x}_甲)^2 f_甲}{\sum f_甲}} = \sqrt{\dfrac{16583}{57}} = 17.6(件)$$

$$\sigma_乙 = \sqrt{\dfrac{\sum (x_乙-\bar{x}_乙)^2 f}{\sum f_乙}} = \sqrt{\dfrac{13473}{57}} = 15.4(件)$$

$$V_{\sigma甲} = \frac{\sigma_甲}{\bar{x}_甲} = \frac{17.6}{176.8} = 0.10$$

$$V_{\sigma乙} = \frac{\sigma_乙}{\bar{x}_乙} = \frac{15.4}{174.0} = 0.09$$

因为 $V_{\sigma乙} < V_{\sigma甲}$,所以乙单位的平均日产量更具有代表性。

20. 计算过程所需数据和计算结果如下表所示:

使用寿命(小时)	组中值	零件数(件)
700 以下	650	10
700—800	750	60
800—900	850	230
900—1000	950	450
1000—1200	1100	190
1200 以上	1300	60
合　计	—	1000

因为使用寿命大于 800 的为合格品,故合格品的单位数为
$$230+450+190+60=930$$

所以

平均合格率 $p = \dfrac{230+450+190+60}{1000} = 0.93$

合格品的标准差 $\sigma = \sqrt{p(1-p)} = \sqrt{0.93 \times (1-0.93)} = 0.2551$

合格品的标准差系数 $V_\sigma = \dfrac{\sigma}{\bar{x}} = \dfrac{0.2551}{0.93} = 27.43\%$

21. 计算过程所需数据和计算结果如下表所示:

	一班				二班			
成绩组中值 $x_甲$	人数 $f_甲$(人)	$x_甲 f_甲$	$(x_甲 - \bar{x}_甲)^2 f_甲$	成绩组中值 $x_乙$	人数 $f_乙$(人)	$x_乙 f_乙$	$(x_乙 - \bar{x}_乙)^2 f_乙$
45	1	45	844.48	45	2	90	1800
55	3	165	1089.85	55	3	165	1200
65	6	390	492.5	65	6	390	600
75	12	900	10.6	75	9	675	0
85	8	680	957.47	85	12	1020	1200
95	2	190	876.97	95	3	285	1200
合　计	32	2370	4271.87	—	35	2625	6000

所以

$$\bar{x}_甲 = \frac{\sum x_甲 f_甲}{\sum f_甲} = \frac{2370}{32} = 74.06(分)$$

$$\bar{x}_乙 = \frac{\sum x_乙 f_乙}{\sum f_乙} = \frac{2625}{35} = 75(分)$$

$$\sigma_甲 = \sqrt{\frac{\sum(x_甲 - \bar{x}_甲)^2 f_甲}{\sum f_甲}} = \sqrt{\frac{4271.87}{32}} = 11.55(分)$$

$$\sigma_乙 = \sqrt{\frac{\sum(x_乙 - \bar{x}_乙)^2 f}{\sum f_乙}} = \sqrt{\frac{6000}{35}} = 13.09(分)$$

$$V_{\sigma 甲} = \frac{\sigma_甲}{\bar{x}_甲} = \frac{11.55}{74.06} = 0.1560$$

$$V_{\sigma 乙} = \frac{\sigma_乙}{\bar{x}_乙} = \frac{15.4}{174.0} = 0.09$$

因为 $V_{\sigma 乙} > V_{\sigma 甲}$，所以甲单位的平均日产量更具有代表性。

22.（1）平均差计算过程所需资料如下表所示：

学生序号	考分(分)		平均数离差	离差绝对值	平均数离差	离差绝对值
	x_A	x_B	$x_A - \bar{x}_A$	$\lvert x_A - \bar{x}_A \rvert$	$\lvert x_B - \bar{x}_B \rvert$	$\lvert x_B - \bar{x}_B \rvert$
甲	65	68	−10	10	−7	7
乙	70	70	−5	5	−5	5
丙	75	76	0	0	1	1
丁	80	80	5	5	5	5
戊	85	81	10	10	6	6
合 计	375	375	—	30	—	24

因为

$$\bar{x}_A = \bar{x}_B$$

$$MD_A = \frac{\sum \lvert x_A - \bar{x}_A \rvert}{n} = \frac{30}{5} = 6(分/人)$$

$$MD_B = \frac{\sum \lvert x_B - \bar{x}_B \rvert}{\sum f} = \frac{24}{5} = 4.8(分/人)$$

所以 $MD_A > MD_B$,故 B 组学生的平均考分比 A 组学生的平均考分更具有代表性。

(2) 标准差计算过程所需资料如下表所示:

学生序号	考分(分)		平均数离差 $x_A - \bar{x}_A$	离差平方 $(|x_A - \bar{x}_A|)^2$	平均数离差 $x_B - \bar{x}_B$	离差平方 $(x_B - \bar{x}_B)^2$
	x_A	x_B				
甲	65	68	−10	100	−7	49
乙	70	70	−5	25	−5	25
丙	75	76	0	0	1	1
丁	80	80	5	25	5	25
戊	85	81	10	100	6	36
合　计	375	375	—	250	—	136

因为

$$\bar{x}_A = \bar{x}_B = 75(\text{分}/\text{人})$$

$$\sigma_A = \sqrt{\frac{\sum(x_A - \bar{x}_A)^2}{n}} = \sqrt{\frac{250}{3}} = 7.07(\text{分}/\text{人})$$

$$\sigma_B = \sqrt{\frac{\sum(x_B - \bar{x}_B)^2}{n}} = \sqrt{\frac{136}{5}} = 5.2(\text{分}/\text{人})$$

所以 $\sigma_A > \sigma_B$,故 B 组学生的平均考分比 A 组学生的平均考分更具有代表性。

第五章 时间数列

第一部分 学习辅导

一、本章学习目的与要求

(1) 了解时间数列概念、种类和编制原则。

(2) 掌握时间数列的发展水平、平均发展水平、增长量和平均增长量四个水平指标的含义、计算方法、特点及它们之间的变换关系,便于估计及推算。

(3) 掌握时间数列的发展速度、增长速度、平均发展速度和平均增长速度四个速度指标的含义、计算方法,尤其要熟练掌握平均发展速度计算的公式,注意计算方法中的水平法及累计法的区别。

(4) 理解将引起时间数列中各期发展水平变化的因素分解:长期趋势、循环变动、季节变动、不规则变动的分析理论,将四种因素之间的关系用加法模型、乘法模型来假设。

(5) 掌握测定长期趋势的几种具体方法:时距扩大法、移动平均法、最小平方法。掌握季节变动的影响及测定方法:按是否考虑长期趋势的影响可分为考虑长期趋势的影响及不要考虑长期趋势的影响两种。了解剩余法来测定循环变动。

二、本章内容提要

(一) 时间数列的概念和种类

将同类指标在不同时间上的数值按时间先后顺序排列所形成的统计数列称为时间数列,通常又称它为时间序列或动态数列。时间数列按其统计指标的性质和表现形式,分为绝对数时间数列、相对数时间数列和平均数时间数列三种。其中,绝对数时间数列是基本数列,相对数和平均数时间数列是派生数列。

（二）时间数列的水平分析指标

1. 发展水平

发展水平是指时间数列中各时间上对应的指标数值。时间数列各期的发展水平分别为 $a_1, a_2, \cdots, a_{n-1}, a_n$，其中，数列首期水平 a_1 为最初水平，排在最后的 a_n 为最末水平，其他各期水平为中间水平。

2. 平均发展水平

1）平均发展水平的定义

它是将时间数列中各期发展水平加以平均而求得的平均数，统计上又称这种平均数为序时平均数或动态平均数。它从动态上反映了现象在一段时间内发展水平的一般情况。

2）序时平均数的计算

（1）由绝对数时间数列计算序时平均数。

当由时期数列计算序时平均数时，其计算公式为

$$\bar{a} = \frac{\sum_{i=1}^{n} a_i}{n}$$

当由逐日登记并逐日给出时间数列资料时，其计算公式为

$$\bar{a} = \frac{\sum_{i=1}^{n} a_i}{n}$$

当由逐日登记但是间隔几日给出时间数列资料时，其计算公式为

$$\bar{a} = \frac{\sum_{i=1}^{n} a_i f_i}{\sum_{i=1}^{n} f_i}$$

当是间隔相等的间断时点数列时，其计算公式为"首尾折半法"，即

$$\bar{a} = \frac{\frac{a_1}{2} + a_2 + \cdots + a_{n-1} + \frac{a_n}{2}}{n-1}$$

当是间隔不等的间断时点数列时，其计算公式为

$$\bar{a} = \frac{\frac{a_1 + a_2}{2} \times f_1 + \frac{a_2 + a_3}{2} \times f_2 + \cdots + \frac{a_{n-1} + a_n}{2} \times f_{n-1}}{\sum_{i=1}^{n-1} f_i}$$

(2) 由相对数时间数列计算序时平均数。

其基本计算公式为

$$\bar{c} = \frac{\bar{a}}{\bar{b}}$$

当分子、分母项数列均为时期数列时,其计算公式为

$$\bar{c} = \frac{\bar{a}}{\bar{b}} = \frac{\sum_{i=1}^{n} a_i / n}{\sum_{i=1}^{n} b_i / n} = \frac{\sum_{i=1}^{n} a_i}{\sum_{i=1}^{n} b_i}$$

当分子、分母项数列均为间隔相等的不连续时点数列时,计算序时平均数的公式应为

$$\bar{c} = \frac{\bar{a}}{\bar{b}} = \frac{\left(\frac{a_1}{2} + a_2 + \cdots + \frac{a_n}{2}\right) \div (n-1)}{\left(\frac{b_1}{2} + b_2 + \cdots + \frac{b_n}{2}\right) \div (n-1)} = \frac{\frac{a_1}{2} + a_2 + \cdots + \frac{a_n}{2}}{\frac{b_1}{2} + b_2 + \cdots + \frac{b_n}{2}}$$

当分子、分母项数列属于不同性质的时间数列时,应根据具体情况计算序时平均数。

(3) 由平均数时间数列计算序时平均数。

其计算序时平均数方法与相对数时间数列计算序时平均数的方法相同,即分别计算出分子数列和分母数列的序时平均数,然后再将这两个序时平均数对比,得到一般平均数时间数列的序时平均数。

【例 5.1】 某企业第一、第二季度和下半年的原材料平均库存额分别为 10 万元、15 万元和 20 万元,则全年的平均库存额分别为(　　)。

A. 15 万元　　　　　　B. 16.25 万元

C. 11.25 万元　　　　　D. 13.85 万元

解: 计算序时平均数问题的关键是看给出的时间数列性质,本题中给出来的是平均数时间数列,且间隔不相等,则

$$序时平均数 = \frac{10 \times 3 + 15 \times 3 + 20 \times 6}{12} = 16.25$$

故选 B。

3. 增长量

(1) 逐期增长量:

$$Z_i = a_i - a_{i-1}$$

(2) 累计增长量:

$$L_i = a_i - a_1$$

(3) 年距增长量：

$$年距增长量 = 本期发展水平 - 去年同期发展水平$$

4. 平均增长量

(1) 水平法：

$$\bar{z} = \frac{\sum_{2}^{n}(a_i - a_{i-1})}{n-1} \quad 或 \quad \bar{z} = \frac{L_n}{n-1} = \frac{a_n - a_1}{n-1}$$

(2) 累计法：

$$z = \frac{\sum_{i=2}^{n} a_i - (n-1)a_1}{n(n-1)/2}$$

（三）时间数列的速度分析指标

1. 发展速度

(1) 定基发展速度：

$$\frac{a_i}{a_1}$$

(2) 环比发展速度：

$$\frac{a_i}{a_{i-1}}$$

(3) 年距发展速度：

$$年距发展速度 = \frac{本期发展水平}{去年同期发展水平} \times 100\%$$

2. 增长速度

(1) 增长速度的基本公式：

$$增长速度 = \frac{增长量}{基期水平} = \frac{报告期水平 - 基期水平}{基期水平} = 发展速度 - 1$$

其中，定基增长速度＝定基发展速度－1；

环比增长速度＝环比发展速度－1；

年距增长速度＝年距发展速度－1。

(2) 增长1%的绝对量：

$$增长1\%的绝对量 = \frac{逐期增长量}{环比增长速度} = \frac{a_i - a_{i-1}}{\frac{a_i - a_{i-1}}{a_{i-1}} \times 100} = \frac{a_{i-1}}{100}$$

3. 平均发展速度

(1) 几何平均法(水平法):

$$\bar{x} = \sqrt[n-1]{\frac{a_n}{a_1}} = \sqrt[n-1]{\prod_{2}^{n} x_i}$$

(2) 方程式法(累计法):

求出方程 $\bar{x}^{n-1} + \cdots + \bar{x}^2 + \bar{x} = \dfrac{\sum\limits_{2}^{n} a_i}{a_1}$ 的正根 $\bar{x}$,就是所求的平均发展速度。

4. 平均增长速度

$$\text{平均增长速度} = \text{平均发展速度} - 1$$

【例 5.2】 某化肥厂生产化肥 2005 年产量为 2 万吨,若"十一五"期间每年平均增长 8%,"十二五"期间每年平均增长 15%,问:到 2015 年化肥产量将达到多少万吨?如果规定 2015 年产量比 2005 年翻两番,问每年需要增长多少才能达到预定的产量?

解: (1) 已知 $a_0 = 2$ 万吨,"十一五"期间(2006—2010 年)的平均发展速度:$\bar{x}_1 = 108\%$。

"十二五"期间(2011—2015 年)的平均发展速度:$\bar{x}_2 = 115\%$,$n = n_1 + n_2 = 10$ 年。

2015 年化肥产量为

$$a_n = a_0 \cdot \bar{x}_1^5 \cdot \bar{x}_2^5 = 2 \times 1.08^5 \times 1.15^5 = 5.91 (\text{万吨})$$

(2) 因为 2015 年产量要比 2005 年翻两番,即 2015 年产量是 2005 年的 4 倍,所以

$$2015 \text{ 年产量 } a_n = 2 \times 4 = 8 \text{ 万吨}, n = 10 \text{ 年}$$

则平均增长速度为

$$\bar{x} - 1 = \sqrt[n]{\frac{a_n}{a_0}} - 1 = \sqrt[10]{\frac{8}{2}} - 1 = 1.15 - 1 = 15\%$$

即每年需要增长 15% 才能达到预定的产量。

(四) 时间数列的影响因素分析

1. 影响时间数列的主要因素

有长期趋势(T)、季节变动(S)、循环变动(C)、随机变动(I),它们之间的合成方式有加法模式($a = T + S + C + I$)和乘法模式($a = T \times S \times C \times I$)。

2. 长期趋势的测定方法

1) 时距扩大法

扩大时间数列指标值所属的时间单位,再根据新的时间单位计算相应指标的平均值,这样形成一个新的时间数列。

2) 移动平均法

移动平均法的基本思想是:选择一定的期数,对原数列按选定的期数逐项移动计算平均数,从而对原数列进行修匀,以消除偶然因素的影响。

3) 趋势模型法

令趋势方程为

$$y_t = a + bt$$

采用最小二乘法,估计出的参数为

$$b = \frac{n\sum ty - \sum t \sum y}{n\sum t^2 - (\sum t)^2} = \frac{L_{ty}}{L_{tt}}$$

$$a = \bar{y} - b\bar{t} = \frac{\sum y}{n} - b\frac{\sum t}{n}$$

【例 5.3】 某地区 2009—2013 年粮食产量资料如下表所示:

年 份	2009	2010	2011	2012	2013
某种产品产量(万吨)	220	232	240	256	280

要求:(1) 试运用最小平方法配合直线方程;

(2) 预测 2015 年该地区粮食产量。

解: 计算过程所需数据如下表所示:

年 份	2009	2010	2011	2012	2013	合 计
t	1	2	3	4	5	15
某种产品产量 y(万吨)	220	232	240	256	280	1228
t^2	1	4	9	16	25	55
ty	220	464	720	1024	1400	3828

(1) 设直线趋势方程为 $y_t = a + bt$,则

$$b = \frac{n\sum ty - \sum t \sum y}{n\sum t^2 - (\sum t)^2} = \frac{5 \times 3828 - 15 \times 1228}{5 \times 55 - 15^2} = 14.4$$

$$a = \bar{y} - b\bar{t} = \frac{1228}{5} - 14.4 \times \frac{15}{5} = 202.4$$

故直线趋势方程为

$$y_t = 202.4 + 14.4t$$

(2) 2015 年该地区粮食产量为

$$y_{2015} = 202.4 + 14.4 \times 7 = 303.2(万吨)$$

3. 季节变动的测定

1) 同期平均法

当时间数列的长期趋势不存在或不明显时,可采用同期平均法。同期(月、季)平均法测定季节变动的一般步骤如下:

第一步,年内同月(季)平均数。

第二步,计算总的月(季)平均数。

第三步,用同期平均数除以总平均数,得季节比率。

第四步,计算出的季节比率之和应该等于 12 或 4,但实际上由于计算过程的四舍五入,往往季节比率之和与理论值不符,需要进行调整,即用调整系数乘以各季节比率,调整系数的计算式如下:

$$调整系数 = \frac{12(4)}{各月(季)季节比率之和}$$

【例 5.4】 某服装公司 2009—2013 年各月销售额资料如下表所示,试计算其季节比率。

月份	销售额(万元)					5 年同月销售额平均	季节比率(%)
	2009 年	2010 年	2011 年	2012 年	2013 年		
	(1)	(2)	(3)	(4)	(5)	(6)	(7)
1	1.1	1.1	1.4	1.4	1.3	1.26	17.6
2	1.2	1.5	2.1	2.1	2.2	1.82	25.5
3	1.9	2.2	3.1	3.1	3.3	2.72	38.1
4	3.6	3.9	5.2	5.0	4.9	4.52	63.3
5	4.2	6.4	6.8	6.6	7.0	6.20	86.8
6	14.2	16.4	18.8	19.5	20.0	17.78	249.0
7	24.0	28.0	31.0	31.5	31.8	29.26	409.8
8	9.5	12.0	14.0	14.5	15.3	13.06	182.9

第五章　时间数列

续上表

月份	销售额(万元)					5年同月销售额平均	季节比率(%)
	2009年	2010年	2011年	2012年	2013年		
	(1)	(2)	(3)	(4)	(5)	(6)	(7)
9	3.8	3.9	4.8	4.9	5.1	4.50	63.0
10	1.8	1.9	2.4	2.5	2.6	2.22	31.1
11	1.2	1.3	1.2	1.4	1.4	1.30	18.2
12	0.9	1.0	1.1	1.2	1.1	1.06	14.8
总　计	67.4	79.5	91.9	93.7	96.0	7.14	1199.3

解： 计算步骤如下：
第一步，计算5年同月份的平均数，如1月：
$$(1.1+1.1+1.4+1.4+1.3)\div 5=1.26$$
第二步，计算5年同月份的平均数的平均数，即总平均数：
$$(1.26+1.82+2.72+4.52+6.20+17.78+29.26+13.06+4.50$$
$$+2.22+1.30+1.06)\div 12 = 7.14$$
第三步，计算各年同月平均数对总平均数的比率，如
$$1月的季节比率=1.26\div 7.14 = 17.6\%$$
$$2月的季节比率=1.82\div 7.14=25.5\%$$

从季节比率的计算可以看出，6,7,8三个月为旺季，而11,12,1,2四个月为淡季。

2) 平均趋势剔除法

当时间数列存在明显的长期趋势时，需要先剔除长期趋势的影响，然后再计算季节比率，其步骤为：

第一步，对时间数列计算移动平均数（通常是计算12项（或4项）移动平均数），作为时间数列的长期趋势值。

第二步，用时间数列的原有指标值除以对应的长期趋势值，得到剔除长期趋势后的新时间数列。

第三步，对该新时间数列实施同期平均法的各步骤。

4. 循环变动的测定——剩余法

循环变动由于经常与不规则变动混在一起，所以很难单独测定。一般是采用剩余法，从原时间序列中逐次消除长期趋势、季节变动和不规则变动，其剩余的结果便是循环变动。

第二部分 重点、难点释析

本章的重点和难点是序时平均数的计算方法、增长量的概念、种类和计算方法;平均增长量的计算方法;发展速度及增长速度的概念、种类和计算方法;平均发展速度的计算;长期趋势、季节变动和循环变动的测定方法。下面对这些难点进行释析。

一、序时平均数与一般平均数的联系和区别

联系:两者都是将现象个别数值差异抽象化,用以概括说明现象的一般水平。

区别:① 两者所平均的对象不同。平均发展水平所平均的是研究对象在不同时期上的数量表现,从动态上说明其在某一时期发展的一般水平;而一般平均数是将总体各单位某一数量标志在同一时间的数量差异抽象化,用以反映总体在具体历史条件下的一般水平。② 两者计算的依据不同。平均发展水平是根据动态数列计算的,而一般平均数是根据变量数列计算的。

二、序时平均数的计算

由于构成时间数列的数据时态不同,序时平均数的计算方法也不同。注意:总量指标时间数列序时平均数的计算是最基本的,相对指标及平均指标时间数列序时平均数的计算,都可归结为总量指标序时平均数的时间数列计算。

【例 5.5】 某企业第一季度人均产值资料如下表所示:

时间	1月	2月	3月	4月
c 人均产值(万元)	3.5	4.0	5.0	
a 工业产值(万元)	350	480	750	
b 月初职工人数(人)	95	105	135	165

计算:(1) 该企业第一季度平均每月人均产值。

(2) 第一季度人均产值。

解:(1) 要求计算的是平均指标的序时平均数,平均指标的序时平均数的基本计算公式为 $\bar{c} = \dfrac{\bar{a}}{\bar{b}}$,而分子是时期数列,分母是间隔相等的不连续时点数列,故

$$\bar{c} = \frac{\bar{a}}{\bar{b}} = \frac{\text{第一季度工业总产值}}{\text{第一季度平均职工人数}}$$

$$= \frac{\sum a/n}{\left[\frac{b_1+b_2}{2} + \frac{b_2+b_3}{2} + \cdots + \frac{b_{n-1}+b_n}{2}\right]/n-1}$$

$$= \frac{350+480+700}{\frac{95+105}{2} + \frac{105+135}{2} + \frac{135+165}{2}} = 4.27(\text{万元}/\text{人})$$

(2) 第一季度人均产值 = 4.27 × 3 = 12.81(万元/人)。

注意:该企业第一季度平均每月人均产值与第一季度人均产值的计算结果不相同。

三、逐期增长量、累计增长量的含义及换算关系

(1) 逐期增长量:它是报告期水平与其前一期水平之差,表明现象逐期增加或减少的数量。可用公式表示为

$$Z_i = a_i - a_{i-1}$$

(2) 累计增长量:它是报告期水平与某一固定时期水平(常为时间数列的最初水平)之差,表明现象在一定时间内总的增长或减少的数量。可用公式表示为

$$L_i = a_i - a_1$$

(3) 逐期增长量与累计增长量存在以下关系:

① 各个逐期增长量之和等于相应的累计增长量,即

$$(a_2 - a_1) + (a_3 - a_2) + \cdots + (a_n - a_{n-1}) = a_n - a_1$$

② 相邻两个累计增长量之差等于相应的逐期增长量,即

$$(a_i - a_1) - (a_{i-1} - a_1) = a_i - a_{i-1}$$

四、定基发展速度和环比发展速度的含义及换算关系

1. 定基发展速度

定基发展速度是时间数列中报告期水平与某一固定时期水平(通常为最初水平)的比值,即为 $\frac{a_i}{a_1}$。

2. 环比发展速度

环比发展速度是时间数列中报告期水平与前一期水平之比,即 $\frac{a_i}{a_{i-1}}$。

3. 定基发展速度与环比发展速度的关系

定基发展速度与环比发展速度之间存在如下关系：

(1) 定基发展速度等于相应时期各环比发展速度的连乘积，即

$$\frac{a_i}{a_1} = \prod_2^i \frac{a_i}{a_{i-1}}$$

(2) 相邻时期的两个定基发展速度之比等于相应的环比发展速度：

$$\frac{a_i/a_1}{a_{i-1}/a_1} = \frac{a_i}{a_{i-1}}$$

五、增长1%的绝对量和速度指标的关系

增长1%的绝对量是指逐期增长量与环比增长速度的比值。因为速度指标数值的大小与基期水平的高低密切相关，通常基期水平越高，发展速度增长1%所对应的绝对量就越大。所以往往将增长1%的绝对量与速度指标结合起来进行统计分析。增长1%的绝对量的计算公式为

$$\text{增长1\%的绝对量} = \frac{\text{逐期增长量}}{\text{环比增长量}} = \frac{a_i - a_{i-1}}{\frac{a_i - a_{i-1}}{a_{i-1}} \times 100} = \frac{a_{i-1}}{100}$$

六、几何平均法（水平法）和方程式法（累计法）的优缺点

几何平均法（水平法）计算平均发展速度公式为 $\bar{x} = \sqrt[n-1]{\frac{a_n}{a_1}}$，它是从时间数列的最初水平出发，按平均发展速度一直发展到最末一期，其最末发展水平的理论值与实际值相符合，因此，它只与最初水平和最末发展水平有关，没有充分利用中间信息，当中间各期环比发展速度差异很大时，就不适宜用水平法计算平均发展速度。但它的计算简单，故在实际中用得很多。方程式法（累计法）计算平均发展速度公式为

$$\bar{x}^{n-1} + \bar{x}^{n-2} + \cdots + \bar{x} = \frac{\sum_{i=2}^{n} a_i}{a_1}$$

它是从时间数列的最初水平和平均发展速度出发，推算出各期发展水平的理论值，这些理论值的累计和与实际发展水平的累计和相等，它充分利用了时间数列资料的信息。显然，这个方程求解比较复杂，在实际工作中，通常编制《平均增长速度查对表》，据之查出平均增长速度。

七、在拟合时间数列变动趋势时,如何选择合适的趋势线

配合趋势线的方法有:
(1) 根据图形来判断,主要是通过变量的散点图来确定合适的趋势线。
(2) 根据数列中数据变化的特点来判断:一般一级增长量大致相等时,拟合直线趋势;一般二级增长量大致相等时,拟合抛物线趋势;当环比发展速度大致相等时,拟合指数曲线趋势。

八、移动平均趋势剔除法

移动平均趋势剔除法,考虑到长期趋势等非季节性因素的存在,因此,需把测定好的非季节性因素值从原序列中剔除掉,然后再求季节变动,以得到没有长期趋势等因素影响的季节指数(比率)。其计算步骤为:

(1) 根据月度(或季度)资料,计算12项(或4项)移动平均数,得到相应的时间序列的长期趋势值(T)。

(2) 将实际值除以对应的趋势值

$$\frac{Y}{T} = S \times I$$

(3) 将 $\frac{Y}{T} = S \times I$ 重新按月(或季)排列,求其季节指数。

【例5.6】 某企业某产品2009—2013年的销售量(万吨)资料如下表所示:

年份\季度	一	二	三	四
2009	18	20	23	27
2010	20	24	29	35
2011	24	29	34	42
2012	29	35	41	50
2013	33	40	48	58

试测定该企业这种产品销售量的季节变动(考虑长期趋势的影响,用5项移动平均)。

解: 当存在明显的长期趋势时,用移动平均趋势剔除法。其步骤为:
(1) 对时间数列计算移动平均数,作为时间数列的长期趋势值,见下表:

年份	季度	销售量 Y	趋势值 T	剔除趋势值 Y/T=S×I×100%
2009	一	18	—	—
	二	20	—	—
	三	23	21.6	106.48
	四	27	22.8	118.42
2010	一	20	24.6	81.30
	二	24	27	88.89
	三	29	26.4	109.85
	四	35	28.2	124.11
2011	一	24	30.2	79.47
	二	29	32.8	88.41
	三	34	31.6	107.59
	四	42	33.8	124.26
2012	一	29	36.2	80.11
	二	35	39.4	88.83
	三	41	37.6	109.04
	四	50	39.8	125.63
2013	一	33	42.4	77.83
	二	40	45.8	87.34
	三	48	—	—
	四	58	—	—

(2) 用时间数列的原有指标值除以对应的长期趋势值,得到剔除长期趋势后的新时间数列,见上表。

(3) 对该新的时间数列实施季平均法,各步骤见下表。

季度 年份	一	二	三	四
2009	—	—	106.48	118.42
2010	81.3	88.89	109.85	124.11
2011	79.47	88.41	107.59	124.26

续上表

季度 年份	一	二	三	四
2012	80.11	88.83	109.04	125.63
2013	77.83	87.34	—	—
季平均数	79.6775	88.3675	108.24	123.105
总平均值	99.85	99.85	99.85	99.85
季节比率	79.80	88.50	108.41	123.29

从上表中可以看出,剔除长期趋势以后,该企业的某种产品销售量在第一、二季度为淡季,第三、四季度为旺季。

第三部分 习 题

一、单项选择题

1. 编制时间数列,要求在时间间隔方面( )。
   A. 必须相等   B. 必须不相等
   C. 可相等也可不相等   D. 不需要考虑

2. 动态数列中各项指标数值可以相加的是( )。
   A. 相对数动态数列   B. 绝对数动态数列
   C. 时期数列   D. 时点数列

3. 以 2008 年 a_0 为最初水平,2013 年 a_n 为最末水平,在计算钢产量的年平均发展速度时,需要开( )。
   A. 24 次方   B. 25 次方   C. 26 次方   D. 27 次方

4. 对长度不同的各时期产值资料计算平均发展速度应采用( )。
   A. 简单算术平均   B. 加权算术平均
   C. 简单几何平均   D. 加权几何平均

5. 由两个时期数列相应项对比所形成的相对数动态数列计算序时平均数的基本公式是( )。

   A. $\bar{a} = \dfrac{\sum c}{n}$ B. $\bar{c} \dfrac{\sum c}{n}$

C. $\bar{a} = \dfrac{\dfrac{a_1+a_2}{2}f_1 + \dfrac{a_2+a_3}{2}f_2 + \cdots + \dfrac{a_{n-1}+a_n}{2}f_{n-1}}{\sum f}$

D. $\bar{c} = \dfrac{\sum a}{\sum b}$

6. 间隔不等的间断时点数列的序时平均数的计算公式是（　　）。

    A. $\bar{a} = \dfrac{\sum a}{n}$ B. $\bar{a} = \dfrac{\dfrac{1}{2}a_1 + a_2 + \cdots + a_{n-1} + \dfrac{1}{2}a_n}{n-1}$

    C. $\bar{a} = \dfrac{\dfrac{a_1+a_2}{2}f_1 + \dfrac{a_2+a_3}{2}f_2 + \cdots + \dfrac{a_{n-1}+a_n}{2}f_{n-1}}{\sum f}$

    D. $\bar{a} = \dfrac{\sum af}{\sum f}$

7. 根据现象在不同时间上的指标数值而计算的平均数是（　　）。
    A. 算术平均数　　B. 序时平均数　　C. 调和平均数　　D. 静态平均数

8. 累计增长量与逐期增长量的关系是（　　）。
    A. 逐期增长量之和等于累计增长量
    B. 逐期增长量之积等于累计增长量
    C. 累计增加量之和等于逐期增长量
    D. 两者没有直接关系

9. 环比发展速度与定基发展速度之间的关系是（　　）。
    A. 定基发展速度等于环比发展速度之和
    B. 环比发展速度等于定基发展速度的平方根
    C. 环比发展速度的连乘积等于定基发展速度
    D. 环比发展速度等于定基发展速度减 1

10. 某现象前期水平为 1600 万吨，本期水平为 2000 万吨，则增长 1% 的绝对值为（　　）。
    A. 1600 万吨　　B. 400 万吨　　C. 16 万吨　　D. 2000 万吨

11. 已知各期的环比增长速度为 10%，15%，18%，则定基增长速度为（　　）。
    A. 10%×15%×18%   B. 10%×15%×18%－100%
    C. 110%×115%×118%   D. 110%×115%×118%－100%

12. 某车间 6 月，7 月，8 月，9 月职工平均人数分别为 250 人，265 人，280 人和 290 人，该公司第三季度月职工平均人数为（　　）

A. $\bar{a}=\dfrac{250+265+280}{3}=265$(人)

B. $\bar{a}=\dfrac{265+280+290}{3}=278.33$(人)

C. $\bar{a}=\dfrac{280+290+250}{3}=273.33$(人)

D. $\bar{a}=\dfrac{\frac{1}{2}\times250+265+280+\frac{1}{2}\times290}{3}=271.67$(人)

13. 用方程法计算平均发展速度的目的在于考察( )。
    A. 最末水平　　　　　　B. 最初水平
    C. 各期发展水平的总和　D. 各期环比发展速度的总和

14. 华联商厦三年中商品销售额每年增加 50 万元,则华联商厦每年商品销售额的发展速度( )。
    A. 提高　　B. 降低　　C. 不变　　D. 无法判断

15. 若某民营企业 2013 年产值为 150 万元,经过努力,两年来累计增加产值 80 万元,则每年平均增长速度为( )。
    A. 73.20%　　B. 25%　　C. 23.82%　　D. 45%

16. 某学校 2008－2013 年按年排列的交纳的学费金额的时间数列是( )。
    A. 绝对数的时期数列　　B. 绝对数的时点数列
    C. 相对数时间数列　　　D. 平均数时间数列

17. 动态数列中的发展水平( )。
    A. 只能是平均指标　　B. 只能是总量指标
    C. 只能是相对指标　　D. 以上指标均可以

18. 已知某现象的最初水平和期末水平,计算平均发展速度应采用( )公式。
    A. $\bar{x}=\sqrt[n]{x_1 x_2 \cdots x_n}$　　B. $\bar{x}=\sqrt[n]{R}$
    C. $\bar{x}=\sqrt[n]{\dfrac{a_n}{a_0}}$　　D. $\bar{x}=\sqrt[n]{\dfrac{a_n}{a_0}}-1$

19. 对 1998－2013 年某企业某产品产量(吨)的时间数列配合的方程为 $y=450+56t$,这意味着该产品产量每年平均增加( )。
    A. 56%　　B. 56 吨　　C. 450 吨　　D. 59 吨

20. 若无季节变动,则季节比率应为( )。

A. 0　　　　B. 1　　　　C. 大于1　　D. 小于1

二、多项选择题

1. 构成动态数列的统计指标数值可以是(　　　)。
   A. 总体范围不一致的数字资料
   B. 全面调查所搜集到的数字资料
   C. 抽样调查所得到的数字资料
   D. 计算口径不一致的数字资料
   E. 通过连续登记加总而得到的数字资料

2. 时点数列的特点有(　　　)。
   A. 数列中各个指标数值可以相加
   B. 数列中各个指标数值不具有可加性
   C. 指标数值是通过一次登记取得的
   D. 指标数值的大小与时期长短没有直接联系
   E. 指标数值是通过连续不断登记取得的

3. 序时平均数与一般平均数都是反映现象的一般水平,但两者存在差别,表现在(　　　)。
   A. 序时平均数可由简单算术平均数和加权算术平均数计算,而一般平均数只由简单算术平均数计算
   B. 序时平均数是从动态上说明现象的一般水平,而一般平均数是从静态上说明现象的一般水平
   C. 序时平均数反映不同时期指标的一般水平,而一般平均数反映同一时期指标的一般水平
   D. 序时平均数和一般平均数只是说法不同,其性质并无不同
   E. 序时平均数是根据动态数列计算的,而一般平均数是根据静态变量数列计算的

4. 以下现象所组成的动态数列属于时点数列的有(　　　)。
   A. 某公司历年利润　　　　　　B. 某储蓄所各月末存款余额
   C. 某矿务局各季末钢材库存量　　D. 某高校历年在校学生人数
   E. 某高校历年招收学生人数

5. 动态数列中,各项指标数值不能直接相加的有(　　　)。
   A. 绝对数动态数列　　　　　　B. 时期数列
   C. 时点数列　　　　　　　　　D. 平均数动态数列

E. 相对数动态数列

6. 由相对数动态数列计算序时平均数,应该根据资料选择的计算公式有(　　)。

A. $\bar{c}=\dfrac{\sum a}{\sum b}$

B. $\bar{c}=\dfrac{\dfrac{\sum a}{n}}{\dfrac{b_1}{2}+b_2+\cdots+b_{n-1}+\dfrac{b_n}{2}}$

C. $\bar{c}=\dfrac{\sum af}{\sum f}$

D. $\bar{c}=\dfrac{\dfrac{a_1}{2}+a_2+\cdots+a_{n-1}+\dfrac{a_n}{2}}{\dfrac{b_1}{2}+b_2+\cdots+b_{n-1}+\dfrac{b_n}{2}}$

E. $\bar{a}=\dfrac{\sum a}{n}$

7. 下列时间数列中哪些直接相加无意义?(　　)
   A. 年末职工人数数列　　　　　B. 年出生的婴儿数数列
   C. 年国家黄金储备额数列　　　D. 年平均工资数列
   E. 月流动资金周转次数数列

8. 环比增长速度的计算方法有(　　)。
   A. 环比发展速度减 1(或 100%)
   B. 报告期逐期增长量与前一期水平之比
   C. 定基增长速度减 1(或 100%)
   D. 平均发展速度减 1(或 100%)
   E. 报告期水平与前一期水平之比减 1(或 100%)

9. 在直线趋势方程 $y_t=a+bt$ 中,y_t 代表直线趋势值,其余各个符号的意义是(　　)。
   A. a 代表趋势直线的起点值
   B. a 值等于原时间数列的最末水平
   C. b 为趋势直线的斜率
   D. b 是每增加一个单位时间,现象平均增加的值
   E. t 代表时间变量

10. 增长 1% 的绝对量是(　　)。
    A. 前一期发展水平除以 100　　B. 本期发展水平除以 100
    C. 逐期增长量与环比增长速度之比
    D. 逐期增长量与定基增长速度之比

E. 环比发展速度减1(或100％)

11. 用几何平均法计算平均发展速度侧重考察(　　)。
    A. 现象各期发展水平的最初水平
    B. 现象在发展阶段中各期的发展水平
    C. 现象各期的环比发展速度
    D. 现象各期发展水平的累计水平
    E. 现象各期发展水平的最末水平

12. 平均增长速度的计算(　　)。
    A. 不能根据各个环比增长速度的连乘积而直接求得
    B. 等于环比增长速度减1(或100％)
    C. 等于平均发展速度减1(或100％)
    D. 等于各期增长速度的平均数
    E. 能根据各个环比发展速度的几何平均数减1求得

13. 应用最小二乘法配合一条理想的趋势线，要求满足的条件是(　　)。
    A. $\sum(y-\hat{y})^2=0$　　　　　　B. $\sum(y-\hat{y})^2=\min$
    C. $\sum(y-\hat{y})=0$　　　　　　D. $\sum(y-\hat{y})=\min$
    E. $\sum(y-\hat{y})^2=\max$

14. 采用移动平均法对时间数列修匀后所得到的一个新的时间数列(　　)。
    A. 是由一般平均数组成的　　　　B. 是由序时平均数组成的
    C. 其项数一定少于原数列
    D. 其基本发展趋势同原数列不一致
    E. 其基本发展趋势同原数列一致

15. 在下列各项中,可以称为序时平均数的是(　　)。
    A. 移动平均值　　　　　　　　B. 平均发展速度
    C. 平均增长速度　　　　　　　D. 平均发展水平
    E. 平均增长水平

三、简答题

1. 试述动态数列的概念和构成要素。编制动态数列需要遵守哪些原则?
2. 时间数列有哪几种? 各有什么特点?
3. 在动态分析中,时期数列与时点数列各有什么特点?
4. 序时平均数与一般平均数有何异同?
5. 什么是增长1％的绝对量? 为什么要计算增长1％的绝对量? 有几种计

算方法？

6. 用几何平均法（水平法）和方程式法（累计法）计算平均发展速度各有什么特点？各运用于分析哪些现象？

7. 什么是逐期增长量和累计增长量？它们之间的关系如何？

8. 什么是环比发展速度和定基发展速度？它们之间的关系如何？

9. 研究长期趋势的意义是什么？揭示现象长期发展趋势法有几种方法？

四、计算题

1. 某自行车车库 4 月 1 日有自行车 320 辆，4 月 6 日调出 70 辆，4 月 18 日进货 120 辆，4 月 26 日调出 80 辆，直至月末再未发生变动，问该库 4 月份平均库存自行车多少辆？

2. 某企业 2013 年月末定额流动资金占有额（万元）的统计资料如下表所示：

月　份	1	2	3	4	5	6	10	12
月末定额流动资金占有额	298	300	354	311	280	290	330	368

2012 年年末定额流动资金占有额为 320 万元。根据上表资料，分别计算该企业定额流动资金上半年平均占有额、下半年平均占有额和全年平均占有额。

3. 某国有商店 2013 年上半年各月销售计划及其计划完成程度如下表所示：

月　份	1	2	3	4	5	6
计划销售额（万元）b	45.0	40.0	46.0	50.0	55.0	60.0
计划完成程度（%）c	104.0	98.0	95.0	102.0	106.0	101.0

计算该商店 2013 年上半年平均每月销售计划的完成程度。

4. 某工厂 2013 年下半年各月末工人数及其比重资料如下表所示：

月　份	6	7	8	9	10	11	12
月末工人数（人）a	550	580	560	565	600	590	590
工人占全部职工比重（%）b	80.0	86.0	81.0	80.0	90.0	87.0	85.0

计算该工厂 2013 年下半年工人占全部职工人数的平均比重。

5. 某种股票 2013 年各统计时点的收盘资料如下表所示：

统计时点	1月1日	3月1日	7月1日	10月1日	12月31日
收盘价(元)	8.5	9.4	7.6	7.1	6.4

计算该股票 2013 年的平均价格。

6. 我国某种消费品价格指数 2011 年比 2010 年上升 0.7%，2012 年比 2011 年下降 0.8%，2013 年比 2012 年上升 1.2%，请问 2013 年该种消费品价格指数比 2010 年上升了多少？这几年该种消费品价格平均每年上升多少？

7. 某现象 2010—2013 年各年的递减速度分别为 12%，10%，8%，2%，试用水平法计算其平均下降速度是多少。

8. 已知某企业 2008—2013 年生产总值资料如下表所示：

年 份	2008	2009	2010	2011	2012	2013
生产总值(万元)	343	447	519	548	703	783

要求：(1) 计算各年的逐期增长量和累计增长量。
   (2) 计算各年的环比发展速度和定基发展速度。
   (3) 计算各年的环比增长速度和定基增长速度。
   (4) 计算各年的增长 1% 的绝对值。
   (5) 计算 2008—2013 年生产总值的平均发展速度和平均增长速度。

9. 某上市公司 1999—2013 年销售收入资料如下表所示：

年 份	财政收入(亿元)	年 份	财政收入(亿元)
1999	2937.1	2007	9875.95
2000	3149.48	2008	11444.08
2001	3483.37	2009	13395.23
2002	4348.95	2010	16386.04
2003	5218.1	2011	18903.64
2004	6242.2	2012	21715.25
2005	7407.99	2013	26396.47
2006	8651.14		

试分别用时距扩大法、移动平均法测定其长期趋势(时距长度为 3 年)。

10. 某地区年粮食总产量如下表所示：

年　份	产量(万吨)	年　份	产量(万吨)
1	230	6	257
2	236	7	262
3	241	8	276
4	246	9	281
5	252	10	286

要求：(1) 检查该地区的粮食生产发展趋势是否接近直线型。

(2) 如果是直线型，请用最小平方法配合直线趋势方程。

(3) 预测第12年的粮食生产水平。

11. 2000－2013年安徽省国内生产总值(GDP)(单位：亿元)的统计资料如下表所示：

年份	2000	2001	2002	2003	2004	2005	2006
GDP	2902.09	3246.71	3519.72	3923.11	4759.30	5350.17	6112.50
年份	2007	2008	2009	2010	2011	2012	2013
GDP	7360.92	8851.66	10062.82	12359.33	15300.65	17212.05	19039.00

请用最小平方法配合直线趋势方程，并预测2014年安徽省国内生产总值(单位：亿元)。

12. 某商场2009－2013年各季度毛线销售量(千克)资料如下表所示：

季　度	2009	2010	2011	2012	2013
1	580	610	660	700	850
2	190	200	220	230	320
3	230	250	260	290	310
4	620	670	710	730	780

试测定毛线销售量的季节变动(不考虑长期趋势的影响)。

第四部分 习题答案

一、单项选择题

1. C   2. C   3. B   4. D   5. D   6. C   7. B   8. A
9. C   10. C   11. D   12. B   13. C   14. B   15. C   16. A
17. D   18. C   19. B   20. B

二、多项选择题

1. BCE   2. BCD   3. BCE   4. BCD   5. CDE   6. AD
7. ACDE   8. ABE   9. CDE   10. AC   11. ACE   12. ACE
13. BC   14. BCE   15. ABD

三、简答题

1. 时间数列又称动态数列，指将同类指标在不同时间上的数值按时间先后顺序排列所形成的统计数列。它由两个基本要素构成：一是被研究现象所属的时间，二是与现象所属时间相对应的指标数值。

编制时间数列的原则有：① 各指标数值所属时间可比；② 总体范围可比；③ 经济内容、计算方法、计算价格和计量单位可比。

2. 时间数列按照指标的性质不同，分为绝对数时间数列、相对数时间数列和平均数时间数列。绝对数时间数列是指把一些同类的绝对数指标按时间先后顺序排列而形成的时间数列。相对数时间数列是指把一些同类的相对数指标按时间先后顺序排列而形成的时间数列。平均数时间数列是指把一些同类的平均数指标按时间先后顺序排列而形成的时间数列。

3. 时期数列的特点是：① 数列中各指标数值相加具有一定的经济意义；② 数列中每个指标数值的大小与指标所属的时期长短有关；③ 数列中每个指标数值通常是通过连续不断地登记取得的。

时点数列的特点是：① 数列中各个指标数值相加不具有经济意义；② 数列中每个指标数值大小与时间间隔长短无关；③ 数列中各个指标数值通常是通过定期登记取得的。

4. 联系：两者都是将现象个别数值差异抽象化，用以概括说明现象的一般水平。

第五章 时间数列

区别:① 两者所平均的对象不同。平均发展水平所平均的是研究对象在不同时期上的数量表现,从动态上说明其在某一时期发展的一般水平;而一般平均数是将总体各单位某一数量标志在同一时间的数量差异抽象化,用以反映总体在具体历史条件下的一般水平。② 两者计算的依据不同。平均发展水平是根据动态数列计算的,而一般平均数是根据变量数列计算的。

5. 增长1%的绝对量是指逐期增长量与环比增长速度的比值。因为速度指标数值的大小与基期水平的高低密切相关,通常基期水平越高,发展速度增长1%所对应的绝对量就越大。所以往往将增长1%的绝对量与速度指标结合起来进行统计分析。增长1%的绝对量的计算公式为

$$\text{增长1\%的绝对量} = \frac{\text{逐期增长量}}{\text{环比增长量}} = \frac{a_i - a_{i-1}}{\dfrac{a_i - a_{i-1}}{a_{i-1}} \times 100} = \frac{a_{i-1}}{100}$$

6. 几何平均法(水平法)计算平均发展速度的公式为

$$\bar{x} = \sqrt[n-1]{\frac{a_n}{a_1}}$$

它是从时间数列的最初水平出发,按平均发展速度一直发展到最末一期,其最末发展水平的理论值与实际值相符合,因此,它只与最初水平和最末发展水平有关,没有充分利用中间信息,当中间各期环比发展速度差异很大时,就不适宜用水平法计算平均发展速度。但它的计算简单,故在实际中用得很多。

方程式法(累计法)计算平均发展速度的公式为

$$\bar{x}^{n-1} + \bar{x}^{n-2} + \cdots + \bar{x} = \frac{\sum_{i=2}^{n} a_i}{a_1}$$

它是从时间数列的最初水平和平均发展速度出发,推算出各期发展水平的理论值,这些理论值的累计和与实际发展水平的累计和相等,它充分利用了时间数列资料的信息。显然,这个方程求解比较复杂,在实际工作中,通常编制《平均增长速度查对表》,据之查出平均增长速度。

7. 逐期增长量是指报告期水平减去前一期水平的差额;累计增长量是指报告期水平减去某一固定时期水平的差额。两者的关系为:各个逐期增长量之和等于相应的累计增长量;两个相临时期累计增长量之差等于相应时期的逐期增长量。

8. 环比发展速度是指报告期水平与前一期水平之比;定基发展速度是指报告期水平与某一固定基期水平之比。两者的关系为:定基发展速度等于相应的各

个环比发展速度的连乘积;两个相邻的定基发展速度之商等于相应的环比发展速度。

9. 社会经济现象由于客观条件、技术等因素的影响,发展速度会呈现出不均衡性。这就要观察社会经济现象总体在一个相当长的时期内发展、变化的方向和趋势及其变动的规律性,同时,有些因素是长期起作用,而有些因素只是短期或偶然起作用,排除短期或偶然因素的影响就可以研究现象变动的总趋势。因此,研究长期趋势具有重要意义。研究现象长期趋势的主要方法有:时距扩大法、移动平均法和最小二乘法。

四、计算题

1. 因为数据取得的资料是连续时点数列,但资料间隔不等,故采取加权平均法。

$$\bar{a} = \frac{\sum af}{\sum f} = \frac{320 \times 5 + 250 \times 12 + 370 \times 8 + 290 \times 5}{5 + 12 + 8 + 5} = 300.3(辆)$$

2. 因为数据取得的资料是间隔相等的不连续时点数列,故采取加权平均法。

(1) 因为上半年月末定额流动资金占有额数据取得的资料是间隔相等的不连续时点数列,故采取收尾折半法公式计算,所以上半年平均占有额为

$$\bar{a} = \frac{\frac{a_1}{2} + a_2 + a_3 + \cdots + a_{n-1} + \frac{a_n}{2}}{n-1}$$

$$= \frac{\frac{320}{2} + 298 + 300 + 354 + 311 + 280 + \frac{290}{2}}{6} = 308(万元)$$

(2) 因为下半年月末定额流动资金占有额数据取得的资料是间隔不相等的不连续时点数列,所以下半年平均占有额为

$$\bar{a} = \frac{\frac{a_1 + a_2}{2}f_1 + \frac{a_2 + a_3}{2}f_2 + \frac{a_3 + a_4}{2}f_3 + \cdots + \frac{a_{n-1} + a_n}{2}f_{n-1}}{\sum_{i=1}^{n-1} f_1}$$

$$= \frac{\frac{290 + 330}{2} \times 4 + \frac{330 + 368}{2} \times 2}{4 + 2} = 323(万元)$$

(3) 全年平均占有额 $= \frac{308 + 323}{2} = 315.5(万元)$。

第五章 时间数列

3. $\bar{c} = \dfrac{\bar{a}}{\bar{b}} = \dfrac{\sum bc}{\sum b}$

$= \dfrac{4.5 \times 1.04 + 40 \times 0.98 + 46 \times 0.95 + 50 \times 1.02 + 55 \times 1.06 + 60 \times 1.01}{45 + 40 + 46 + 50 + 55 + 60}$

4. 先用 $b = a/c$ 式分别求出各月末全部职工人数,如 6 月末为 $550/0.8 = 688$ 人,其余各月依次为 $674,691,706,667,678,694$。然后用"首尾折半法"计算分子、分母的序时平均数,则

$$\bar{c} = \dfrac{\bar{a}}{\bar{b}} = \dfrac{\dfrac{550}{2} + 580 + 560 + 565 + 600 + 590 + \dfrac{590}{2}}{\dfrac{688}{2} + 674 + 691 + 706 + 667 + 678 + \dfrac{694}{2}} = 84.4\%$$

5. 因为各月初股票收盘价格取得的资料是间隔不相等的不连续时点数列,则

股票 2013 年的平均价格

$= \dfrac{\dfrac{a_1 + a_2}{2} f_1 + \dfrac{a_2 + a_3}{2} f_2 + \cdots + \dfrac{a_{n-1} + a_n}{2} f_{n-1}}{\sum f}$

$= \dfrac{\dfrac{8.5 + 9.4}{2} \times 2 + \dfrac{9.4 + 7.6}{2} \times 4 + \dfrac{7.6 + 7.1}{2} \times 3 + \dfrac{7.1 + 6.4}{2} \times 3}{12}$

$= 7.85$(元)

6. 因为 $(100\% + 0.7\%) \times (100\% - 0.8\%) \times (100\% + 1.12\%) - 100\% = 1.09\%$,所以 2013 年该种消费品价格指数比 2010 年上升了 1.09%。

因为 $\bar{x} = \sqrt[3]{1.007 \times 0.992 \times 1.012} - 1 = 1.0036 - 1 = 0.0036$,所以 2010—2013 年该种消费品价格平均每年上升 0.36%。

7. 先求平均发展速度

$\bar{x} = \sqrt[4]{0.88 \times 0.9 \times 0.92 \times 0.98} = \sqrt[4]{0.714} = 91.91\%$

则平均下降速度为 8.09%。

8. 计算结果如下表所示:

年 份	2008	2009	2010	2011	2012	2013
生产总值(万元)	343	447	519	548	703	783
逐期增长量(万元)	—	104	72	29	155	80
累计增长量(万元)	—	104	176	205	360	440

续上表

年 份	2008	2009	2010	2011	2012	2013
环比发展速度(%)	—	130.3207	116.1074	105.5877	128.2847	111.3798
环比增长速度(%)	—	30.3207	16.10738	5.587669	28.28467	11.3798
定基发展速度(%)	—	130.3207	151.312	159.7668	204.9563	228.2799
定基增长速度(%)	—	30.3207	51.31195	59.76676	104.9563	128.2799
增长1%的绝对值	—	3.43	4.47	5.19	5.48	7.03

故2008—2013年生产总值的平均发展速度为

$$\bar{x}=\sqrt[5]{\frac{783}{343}}\times 100\%=117.95\%$$

所以，2008—2013年生产总值的平均增长速度 $=\sqrt[5]{\frac{783}{343}}\times 100\%-100\%=17.95\%$。

9. 移动平均法的计算结果如下表所示：

年 份	销售收入(万元)	时距扩大法	时距扩大后平均	移动平均法
1999	2937.1	—	—	
2000	3149.48	9569.95	3189.98	3189.98
2001	3483.37	—	0.00	3660.60
2002	4348.95	—	0.00	4350.14
2003	5218.1	15809.25	5269.75	5269.75
2004	6242.2	—	0.00	6289.43
2005	7407.99	—	0.00	7433.78
2006	8651.14	25935.08	8645.03	8645.03
2007	9875.95	—	0.00	9990.39
2008	11444.08	—	0.00	11571.75
2009	13395.23	41225.35	13741.78	13741.78
2010	16386.04	—	0.00	16228.30
2011	18903.64	—	0.00	19001.64
2012	21715.25	67015.66	22338.55	22338.55
2013	26396.47	—	0.00	—

10. (1) 计算逐期增长量结果如下：6,5,5,6,5,5,14,5,5，从逐期增长量来看，各期增长量大体相等，所以该地区粮食产量的发展趋势是直线型。

(2) 配合直线趋势方程：设产量为 y，时间为 t，直线趋势方程为
$$Y_t = a + bt$$

计算过程所需数据如下表所示：

序号	年份 t	产量 y(万吨)	逐期增长量	t^2	ty
1	1	230		1	230
2	2	236	6	4	472
3	3	241	5	9	723
4	4	246	5	16	984
5	5	252	6	25	1260
6	6	257	5	36	1542
7	7	262	5	49	1834
8	8	276	14	64	2208
9	9	281	5	81	2529
10	10	286	5	100	2860
合计	55	2567	—	385	14642

用最小平方法配合直线趋势方程：将数据代入求解的 a,b 公式中，解得

$$b = \frac{\sum ty - \frac{1}{n}\sum t \sum y}{\sum t^2 - \frac{1}{n}(\sum t)^2} = \frac{14642 - \frac{1}{10} \times 55 \times 2567}{385 - \frac{1}{10} \times 55^2} = 6.345$$

$$a = \frac{\sum y}{n} - b\frac{\sum t}{n} = \bar{y} - b\bar{t} = 256.7 - 6.345 \times 5.5 = 221.80$$

粮食产量的直线趋势方程为
$$y_t = 221.80 + 6.345t$$

(3) 预测第 12 年的粮食产量：即将 $t = 12$ 代入直线趋势方程，得
$$y_t = 221.80 + 6.345 \times 12 = 297.94(万吨)$$

11. 设产量为 y，因为年份有 14 年，为偶数，故取时间为 $t = -13, -11, -9, -7, -5, -3, -1, 1, 3, 5, 7, 9, 11, 13$，令直线趋势方程为 $y_t = a + bt$，计算过程所

需数据如下表所示：

年 份	t	GDP y	t^2	ty
2000	−13	2902.09	169	−37727.14
2001	−11	3246.71	121	−35713.86
2002	−9	3519.72	81	−31677.48
2003	−7	3923.11	49	−27461.77
2004	−5	4759.30	25	−23796.50
2005	−3	5350.17	9	−16050.51
2006	−1	6112.50	1	−6112.50
2007	1	7360.92	1	7360.92
2008	3	8851.66	9	26554.98
2009	5	10062.82	25	50314.099
2010	7	12359.33	49	86515.285
2011	9	15300.65	81	137705.81
2012	11	17212.05	121	189332.56
2013	13	19039.00	169	247505.70
合计	0	119999.92	910	566749.59

根据 a,b 的公式，有

$$b = \frac{\sum ty - \frac{1}{n}\sum t \sum y}{\sum t^2 - \frac{1}{n}(\sum t)^2} = \frac{\sum ty}{\sum t^2} = \frac{137705.81}{910} = 662.80$$

$$a = \frac{\sum y}{n} - b\frac{\sum t}{n} = \bar{y} = \frac{119999.92}{14} = 8571.42$$

所以国内生产总值对时间的直线趋势方程为

$$y_t = 8571.42 + 662.80t$$

将 $t=15$ 代入直线趋势方程，则 2014 年安徽省国内生产总值的预测值为

$$y_t = 8571.42 + 662.80 \times 15 = 18513.42(亿元)$$

12. 计算结果如下表所示：

第五章　时间数列

季度	2009	2010	2011	2012	2013	合计	季平均	季节比率(%)
1	580	610	660	700	850	3400	680	144.53
2	190	200	220	230	320	1160	232	49.31
3	230	250	260	290	310	1340	268	56.96
4	620	670	710	730	780	3510	702	149.20
合计	1620	1730	1850	1950	2260	9410	470.5	400.00

从上表可知,第一季度和第四季度是旺季,第二季度和第三季度是淡季。

第六章 统计指数

第一部分 学习辅导

一、本章学习目的与要求

(1) 理解指数的概念和分类。
(2) 掌握综合指数与平均指数的计算形式和方法。
(3) 理解加权平均指数与综合指数的关系。
(4) 掌握指数体系与因素分析。
(5) 了解复杂现象总体总量指标变动的因素分析。

二、本章内容提要

(一) 指数的概念和作用

统计指数这一概念有广义和狭义之分。从广义说,凡是用来反映同类现象在不同空间、不同时间实际与计划对比变动的相对数等都称为指数。狭义的指数,则是指用来反映由不能直接加总的多要素所构成的复杂社会经济现象综合变动程度的特殊相对数。狭义指数是指数分析的主要方面。

按指数反映的对象范围不同,分为个体指数和总体指数。个体指数是反映个别现象(即简单现象总体)数量变动的相对数,总体指数是反映全部现象总体(即复杂现象总体)数量变动的相对数。总指数按其计算方法和计算公式的不同,分为综合指数和平均指数。

指数按其反映的指标性质不同,分为数量指标指数和质量指标指数。对数量指标编制的反映现象总体数量变动程度的指数称数量指标指数;对质量指标编制的反映现象总体数量变动程度的指数称质量指标指数。

（二）综合指数的特点、编制以及计算

1. 综合指数的概念

综合指数是编制总指数的一种形式。它是由两个总量指标对比形成的指数。凡是一个总量指标可以分解为两个或两个以上的因素指标时，将其中一个或一个以上的因素指标固定下来，仅观察其中一个因素指标的变动程度，这样的总指数就叫综合指数。综合指数包括数量指标指数和质量指标指数。

综合指数编制要解决两个问题：

（1）确定与指数化指标相联系的同度量因素。

（2）对复杂现象总体包括的两个因素，把其中一个因素——同度量因素的时期加以固定，以便消除其变化来测定所要研究的那个因素，即指数化指标的变动。

一般地，编制数量指标综合指数时，指数化指标是数量指标，以基期的质量指标作为同度量因素；编制质量指标综合指数时，指数化指标是质量指标，以计算期的数量指标作为同度量因素。

2. 综合指数的特点及同度量因素的确定

综合指数的编制方法是先综合后对比。即解决不同度量单位的问题，使得不能直接相加的现象变得可以相加，然后再进行对比分析。所以，综合指数的编制方法有两个特点：第一，编制综合指数要从现象之间的联系中确定与所要研究的现象有关联的同度量因素；第二，将引进的同度量因素固定，以测定指数化因素的变动，从而解决对比问题。

3. 综合指数的计算与分析

（1）数量指标指数：

$$\frac{\sum q_1 p_0}{\sum q_0 p_0}$$

此公式的计算结果说明复杂现象总体数量指标综合变动的方向和程度。

$$\sum q_1 p_0 - \sum q_0 p_0$$

此差额说明由于数量指标的变动对价值量指标影响的绝对额。

（2）质量指标指数：

$$\frac{\sum q_1 p_1}{\sum q_1 p_0}$$

此公式的计算结果说明复杂现象总体质量指标综合变动的方向和程度。

统计学学习指导

$$\sum q_1 p_1 - \sum q_1 p_0$$

此差额说明由于质量指标的变动对价值量指标影响的绝对额。

(三) 平均指数的概念、编制及计算

平均指数是总指数的另一种计算形式,有其独立应用意义。它可以是综合指数的变形,也可以是独立意义的平均指标指数。在得不到全面资料的情况下必须运用平均指数。平均指数是从个体指数出发来编制总指数的,计算形式为算术平均数指数和调和平均数指数。

(1) 加权算术平均数指数的编制,是以基期总量 $q_0 p_0$ 为权数对个体数量指标指数进行加权算术平均,以此计算的加权平均数指数等于数量指标综合指数。

$$加权算术平均数指数 = \frac{\sum k q_0 p_0}{\sum q_0 p_0}$$

式中,k 表示数量指标的个体指数,$q_0 p_0$ 表示基期的某个总量指标。也就是说,要编制加权算术平均数指数,一要掌握数量指标个体指数,二要掌握基期总量。

(2) 加权调和平均数指数的编制,是以报告期总量 $q_1 p_1$ 为权数,对个体质量指标指数进行加权调和平均,据此计算的加权平均数指数等于质量指标综合指数。

$$加权调和平均数指数 = \frac{\sum q_1 p_1}{\sum \frac{1}{k} q_1 p_1}$$

式中,k 表示质量指标个体指数,$q_1 p_1$ 表示报告期的某个总量指标。也就是说,要编制加权调和平均数指数,一要掌握质量指标个体指数,二要掌握报告期总量。

在平均指数的应用中,平均指数和综合指数相比较有两个重要特点:

(1) 综合指数主要适用于全面资料编制,而平均指数既可以依据全面资料编制,也可以依据非全面资料编制。

(2) 综合指数一般采用实际资料做权数编制,平均指数在编制时,除了用实际资料做权数外,也可以用估算的资料做权数。

(四) 因素分析的内容

1. 因素分析的定义

因素分析是指从数量方面研究现象动态变动中受各种因素变动的影响程度。因素分析主要借助于指数体系来分析社会经济现象变动中各种因素变动发生作

用的影响程度。在指数体系中,某个总量指标(称结果指标)是两个原因指标的乘积的条件下,通过建立相应的指数体系从绝对数和相对数两个方面对总量指标的变化进行因素分析。

在指数体系中,指数之间的数量对等关系表现在两个方面:一是结果指数等于因素指数的乘积;二是结果指数的分子、分母之差等于各因素指数分子、分母之差的和。

因素分析主要分析以下两个问题:

(1) 利用综合指数体系,分析社会经济现象总体总量指标的变动受各种因素变动的影响程度。

(2) 利用综合指数编制的方法原理,通过平均指标指数体系,分析社会经济现象总体平均指标变动受各种因素变动的影响程度。例如,总平均工资的变动受不同技术级别工人平均工资和受不同技术级别工人结构变动的影响程度,分析企业总平均劳动生产率变动受各工人组劳动生产率变动和各工人组工人数结构变动的影响程度。

2. 因素分析的内容

因素分析只能在具有乘积关系的指数体系中进行。因素分析的内容包括相对数分析和绝对数分析。相对数分析是指数体系间乘积关系的分析,指数分析一般就是指这种分析;绝对数分析是指数体系中分子与分母差额关系的分析。

3. 因素分析的步骤

计算被分析指标的总变动程度和绝对额;计算各因素指标变动影响程度和绝对额;影响因素的综合分析,总变动程度等于各因素变动程度之连乘积,总变动绝对额等于各因素变动影响绝对额之总和。

4. 利用指数体系进行因素分析的具体形式

1) 复杂现象总体总量指标变动的因素分析

相对数变动分析:

$$\frac{\sum q_1 p_1}{\sum q_0 p_0} = \frac{\sum q_1 p_0}{\sum q_0 p_0} \times \frac{\sum q_1 p_1}{\sum q_1 p_0}$$

绝对值变动分析:

$$\sum q_1 p_1 - \sum q_0 p_0 = \sum (q_1 p_0 - \sum q_0 p_0) \times (\sum q_1 p_1 - \sum q_1 p_0)$$

【例 6.1】 某厂生产的三种产品的有关资料列于下表:

产品名称	产量		单位产品成本	
	基期	报告期	基期	报告期
甲	1000	1200	10	8
乙	5000	5000	4	4.5
丙	1500	2000	8	7

要求：

(1) 计算三种产品的成本总指数以及由于单位产品成本变动而使总成本变动的绝对额。

(2) 计算三种产品的产量总指数以及由于产量变动而使总成本变动的绝对额。

(3) 利用指数体系分析说明总成本(相对程度和绝对额)的变动情况。

解： (1) 产品成本总指数 $=\dfrac{\sum q_1 p_1}{\sum q_1 p_0}=\dfrac{46100}{48000}=96.04\%$。

由于单位产品成本变动而使总成本变动的绝对额：

$$\left(\sum q_1 p_1 - \sum q_1 p_0\right) = 461000 - 48000 = -1900(万元)$$

(2) 产品产量总指数 $=\dfrac{\sum q_1 p_0}{\sum q_0 p_0}=\dfrac{48000}{42000}=114.29\%$。

由于产量变动而使总成本变动的绝对额：

$$\left(\sum q_1 p_0 - \sum q_0 p_0\right) = 48000 - 42000 = 6000(万元)$$

(3) 总成本指数 $=\dfrac{\sum q_1 p_1}{\sum q_0 p_0}=\dfrac{46100}{42000}=109.76\%$。

$$\sum q_1 p_1 - \sum q_0 p_0 = 46100 - 42000 = 4100(万元)$$

指数体系

$$109.76\% = 96.04\% \times 114.29\%$$
$$4100(万元) = -1900 + 6000$$

分析说明： 报告期总成本比基期增加了9.76%，增加的绝对额为4100万元。由于各种产品的单位产品成本平均降低了3.96%(甲、丙产品成本降低，乙产品成本提高)，使总成本节约了1900万元；由于各种产品的产量增加了14.29%，使报告期的总成本比基期增加了6000万元。

2) 平均指标变动的因素分析

相对变动分析：

$$\frac{\dfrac{\sum x_1 f_1}{\sum f_1}}{\dfrac{\sum x_0 f_0}{\sum f_0}} = \frac{\dfrac{\sum x_0 f_1}{\sum f_1}}{\dfrac{\sum x_0 f_0}{\sum f_0}} \cdot \frac{\dfrac{\sum x_1 f_1}{\sum f_1}}{\dfrac{\sum x_0 f_1}{\sum f_1}}$$

绝对变动分析：

$$\frac{\sum x_1 f_1}{\sum f_1} - \frac{\sum x_0 f_0}{\sum f_0} = \left(\frac{\sum x_0 f_1}{\sum f_1} - \frac{\sum x_0 f_0}{\sum f_0}\right) + \left(\frac{\sum x_1 f_1}{\sum f_1} - \frac{\sum x_0 f_1}{\sum f_1}\right)$$

第二部分　重点、难点释析

指数法是社会经济统计学的基本分析方法之一，在实践中有着广泛的应用。人们在日常生活中最熟悉的两类指数：物价指数与股价指数，正是统计指数法的具体应用；财会分析中的"连环替代法"实质上就是统计指数分析法。指数法被广泛应用于测定现象综合数量变动方向与程度，应用于经济现象的变动因素分析。但许多初学者对统计指数方法总觉得很难学，每次考试时总有很多学生不能正确计算指数、分析现象变动的数量原因。现通过对典型问题的分析与例题的讲解来谈谈如何学好统计指数。

一、如何区分"指数"与"相对数"

指数是一种表明社会经济现象动态的相对数，运用指数可以测定不能直接相加和不能直接对比的社会经济现象的总动态；可以分析社会经济现象总变动中各因素变动的影响程度；可以研究总平均指标变动中各组标志水平和总体结构变动的作用。指数按所反映的现象范围不同，分为个体指数和总指数。前者反映个体经济现象变动的相对数，如个别产品的物量指数、个别商品的价格指数等；后者是表明全部经济现象变动的相对数，如工业总产值指数、居民消费价格总指数。

按所反映的现象性质的不同，分为数量指数和质量指数。前者反映生产、经营或经济活动数量的变动，例如商品销售量指数；后者是说明经济活动质量变动的指数，例如产品成本指数、劳动生产率指数。

按计算形式的不同，分为综合指数和平均数指数，前者指两个总量指标对比计算出来的指数，后者是前者的变形。

而一般的相对数,是两个有联系的指标的比值,它可以从数量上反映两个相互联系的现象之间的对比关系。相对数的种类很多,根据其表现形式可分为两类:一类是有名数,即凡是由两个性质不同而又有联系的绝对数或平均数指标对比计算所得的相对数,一般都是有名数,而且多用复合计量单位。另一类是无名数,无名数可以根据不同的情况分别采用倍数、成数、系数、百分数、千分数等来表示,如人口出生率、死亡率等。相对数根据相互对比的指标的性质和所能发挥的作用不同,又可分为动态相对数、结构相对数、比较相对数、强度相对数、计划完成程度相对数等五种。

因此,指数和一般的相对数的区别在于:一般的相对数是两个有联系的现象数值之比,而指数却是说明复杂社会现象经济的发展情况,并可分析各种构成因素的影响程度。

二、关于"权数"的概念和认识

在统计计算中,用来衡量总体中各单位标志值在总体中作用大小的数值叫权数。权数决定指标的结构,权数如果变动,则绝对指标值和平均数也变动,所以权数是影响指标数值变动的一个重要因素。权数一般有两种表现形式:一个是用绝对数(频数)表示,另一个是用相对数(频率)表示。相对数是用绝对数计算出来的百分数(%)或千分数(‰)表示的,又称比重。平均数的大小不仅取决于总体中各单位的标志值(变量值)的大小,而且取决于各标志值出现的次数(频数),由于各标志值出现的次数对其在平均数中的影响起着权衡轻重的作用,因此叫做权数。这说明权数的权衡轻重作用,是体现在各组单位数占总体单位数的比重大小上的。例如工业生产指数中的权数,是对产品的个体指数在生产指数形成过程中的重要性进行界定的指标。产品的重要性不同,在发展速度中的作用就不同,产品或行业占比重大的,权数就大,在指数中的作用就大。工业经济效益综合指数中的权数是根据各项指标在综合经济效益中的重要程度确定的。

三、居民消费价格指数的编制

(一)编制居民消费价格指数的意义

居民消费价格指数,也称为居民生活费用价格指数或消费者价格指数,它反映城乡居民购买生活消费品和获得服务项目的价格变动趋势和变动程度。编制居民消费价格指数,可以观察分析消费品价格和劳务价格变动对城乡居民生活费用支出的影响,研究物价变动对货币工资的影响,计算实际工资及其指数,同时它也是编制价格计划和财政计划,制定物价收费政策与工资政策的重要依据和参考。

居民可分为城镇居民和农村居民两大部分。由于城镇居民和农村居民在消费的商品化程度与消费水平方面存在着较大的差别,因此,我国除了编制全国城乡居民消费价格总指数外,还要分别编制农村居民消费价格指数和城市居民消费价格指数。

(二) 商品和服务项目的分类

居民消费的商品和劳务种类繁多,为了保持统一性,国家统计局专门制定了《居民消费价格指数的商品和服务项目目录》,各地在编制居民消费价格指数时,都按照全国统一规定的必报商品和服务项目目录计算。1994年《国家统计报表制度》新修订的该目录,包括八大类商品和服务项目:① 食品;② 衣着;③ 家庭设备及用品;④ 医疗保健;⑤ 交通和通信;⑥ 娱乐教育和文化用品;⑦ 居住;⑧ 服务项目。大类下分中类,中类下分小类,小类下又分若干商品集团或代表规格品。在编制居民消费价格指数时,应在商品集团中选择一种或几种代表规格品作为计算指数的代表,然后依次分层计算。

(三) 代表规格品的选择

在编制居民消费价格指数时,各地必须按照《商品零售价格指数的商品目录》(以下简称"《目录》")选用国家统一规定的必报商品和服务项目作为代表规格品,在选择代表规格品时,可根据当地的实际情况再适当增加一些调查品种,但增选商品不得超过45种,并且要选择居民消费量大、市场供应相对稳定、价格变动趋势有代表性的代表规格品以及变动频繁、特殊的代表规格品。

(四) 代表地区和调查点的选择

居民消费价格指数,说明的是全国或某一区域的居民平均价格水平变动情况,它既包括价格上涨地区,也包括价格下降地区和价格不变地区。有的地方平均物价变动较大,而有的则变化较小,因此,选择有代表性的地区作为计算价格指数的调查点关系重大。

在选择调查地区时,要采用随机抽样的方法,按照经济区域和地区分布合理等原则,在全国抽选有代表性的大、中、小型城市和县城作为国家调查市、县,对其市场价格进行经常性的直接调查。目前,全国抽选出226个市、县作为国家掌握的价格调查点,其中城市146个、县城80个。

统计学学习指导

在选好调查市、县之后,接着就要选择调查的网点。要选择经营品种齐全、零售额大的中心市场,包括百货大楼、购物中心、百货商场和农贸市场等作为商品价格的调查点。对于统一商品的零售价格,选点可适当少些,而对于一些规格等级复杂多变的商品,可根据实际情况,适当多选几个网点作为辅助调查点。

(五) 价格资料的调查与计算

居民消费价格指数,通常按月、按年连续不断地编制。因此,各代表商品和服务项目、各级各类地区、各月各年平均价格的整理与计算,就成为编制价格指数的一项重要任务。居民消费价格的调查是一种非全面调查,主要方法是对抽选出来的调查点进行定时、定点、定员直接调查。

(六) 指数权数的确定

由于居民消费价格指数是长期连续不断编制的,其权数通常使用固定权数。我国目前的权数基本上是每年计算一次,年内不变。对于咸菜、鲜果的权数则每月计算一次。

在确定权数时,按大类指数、中类指数、小类指数、商品集团(规格品)指数先后确定。各类指数的权数之和均应等于100。权数一律采用整数,不取小数。

全国居民消费价格指数的类、商品及服务项目权数,由计算全国城市和农村居民消费价格指数相应的类、商品及服务项目权数,按城乡居民相应的类、商品及服务项目消费额比重分别加权计算。

(七) 居民消费价格指数的编制方法

编制全国居民消费价格指数,是在编制全国城市和农村居民消费价格指数、编制各省(区、市)居民消费价格指数的基础上进行的。

(1) 全国城市居民消费价格指数,是在各省(区、市)城市居民单项商品消费价格指数的基础上,根据各省(区、市)城市居民消费额资料,确定居民消费的每一种商品在各省(区、市)城市间的比重,加权计算出全国城市居民单项商品消费价格指数,然后按加权算术平均公式汇总计算。

(2) 全国农村居民消费价格指数,是在各省(区、市)农村居民单项商品消费价格指数的基础上,根据各省(区、市)农村居民消费额资料,确定居民消费的每一种商品在各省(区、市)农村间的比重,加权计算出全国农村居民单项商品消费价格指数,然后按加权算术平均公式汇总计算。

(3) 全国城乡居民消费价格指数,是在全国城市和农村居民单项商品消费价格指数的基础上,根据城乡居民消费额资料,确定居民消费的每一种商品在城乡间的比重,加权计算出全国城乡居民单项商品消费价格指数,然后按加权算术平均公式汇总计算。

第三部分 习 题

一、单项选择题

1. 在统计实践和理论中,指数一般是指( )。
   A. 广义的指数概念　　　　　　B. 拉氏和派氏指数概念
   C. 狭义的指数概念　　　　　　D. 广义和狭义的指数两种概念

2. 数量指标指数和质量指标指数的划分依据是( )。
   A. 指数化指标的性质不同　　　B. 所反映的对象范围不同
   C. 所比较的现象特征不同　　　D. 编制指数的方法不同

3. 编制总指数的两种形式是( )。
   A. 数量指标指数和质量指标指数
   B. 综合指数和平均数指数
   C. 算术平均数指数和调和平均数指数
   D. 定基指数和环比指数

4. 编制数量指标综合指数的一般原则是采用( )作同度量因素。
   A. 基期数量指标　　　　　　　B. 报告期数量指标
   C. 基期质量指标　　　　　　　D. 报告期质量指标

5. 综合指数是( )。
   A. 用非全面资料编制的指数　　B. 平均数指数的变形应用
   C. 总指数的基本形式　　　　　D. 编制总指数的唯一方法

6. 以个体指数与报告期销售额计算的价格指数是( )。
   A. 综合指数　　　　　　　　　B. 平均指标指数
   C. 算术平均数指数　　　　　　D. 调和平均数指数

7. 已知某工厂生产三种产品,在掌握其基期、报告期生产费用和个体产量指数时,编制三种产品的产量总指数应采用( )。
   A. 调和平均数指数　　　　　　B. 算术平均数指数
   C. 数量指标综合指数　　　　　D. 固定加权算术平均数指数

8. 下列指数是数量指标指数的是( )。

A. 商品物价指数　　　　　　　B. 单位产品成本指数
C. 平均工资指数　　　　　　　D. 销售量指数

9. 由两个平均指标对比形成的指数是(　　)。
   A. 个体指数　　　　　　　　B. 平均数指数
   C. 平均指标指数　　　　　　D. 综合指数

10. 从形式上看,编制总指数的方法主要有(　　)。
    A. 算术平均数指数和调和平均数指数　　B. 个体指数和综合指数
    C. 综合指数和平均数指数　　　　　　　D. 综合指数与平均指标指数

11. 在设计综合指数的形式时,最关键的问题是(　　)。
    A. 确定指数的公式形式　　　　B. 确定对比基期
    C. 确定同度量因素　　　　　　D. 确定数量指标与质量指标

12. 平均数指数是计算总指数的另一形式,计算的基础是(　　)。
    A. 数量指数　　B. 质量指数　　C. 综合指数　　D. 个体指数

13. 销售量指数中指数化指标是(　　)。
    A. 单位产品成本　　　　　　　B. 单位产品价格
    C. 销售量　　　　　　　　　　D. 销售额

14. 销售价格综合指数 $\left(\dfrac{\sum q_1 p_1}{\sum q_1 p_0}\right)$ 表示(　　)。
    A. 综合反映多种商品销售量变动程度
    B. 综合反映多种商品销售额变动程度
    C. 报告期销售的商品,其价格综合变动的程度
    D. 基期销售的商品,其价格综合变动的程度

15. 在销售量综合指数 $\dfrac{\sum q_1 p_0}{\sum q_0 p_0}$ 中, $\sum q_1 p_0 - \sum q_0 p_0$ 表示(　　)。
    A. 商品价格变动引起销售额变动的绝对额
    B. 价格不变的情况下,销售量变动引起销售额变动的绝对额
    C. 价格不变的情况下,销售量变动的绝对额
    D. 销售量和价格变动引起销售额变动的绝对额

16. 算术平均数指数要成为综合指数的变形,其权数为(　　)。
    A. $q_1 p_1$　　　B. $q_0 p_0$　　　C. $q_1 p_0$　　　D. 前三者均可

17. 在分别掌握三个企业报告期和基期的劳动生产率和人数资料的条件下,要计算三个企业劳动生产率总平均水平的变动,应采用(　　)。
    A. 质量指标指数　　　　　　　B. 可变构成指数

C. 固定构成指数　　　　　　　D. 结构影响指数

18. 用指数体系作两个因素分析,则同度量出素必须(　　)。
　　A. 都固定在基期　　　　　　　B. 都固定在报告期
　　C. 是不同时期　　　　　　　　D. 采用基期和报告期的平均

19. 平均指标指数中的平均指数通常是指(　　)。
　　A. 简单算术平均数　　　　　　B. 加权算术平均数
　　C. 简单调和平均数　　　　　　D. 加权调和平均数

20. 某商品的销售额本年同上年比较没有变化,而商品价格平均上涨了7%,则商品销售量平均(　　)。
　　A. 下降了6.5%　　　　　　　　B. 上涨了3%
　　C. 上涨了6.00%　　　　　　　 D. 上涨了14.29%

21. 若销售量增加,销售额持平,则物价指数(　　)。
　　A. 降低　　　B. 增长　　　C. 不变　　　D. 无法确定

22. 算术平均数指数变形为综合指数时,其特定的权数是(　　)。
　　A. $q_1 p_1$　　　B. $q_0 p_1$　　　C. $q_1 p_0$　　　D. $q_0 p_0$

23. 调和平均数指数变形为综合指数时,其特定的权数是(　　)。
　　A. $q_1 p_1$　　　B. $q_0 p_1$　　　C. $q_1 p_0$　　　D. $q_0 p_0$

24. 如果零售价格上涨10%,销售量下降10%,则销售额(　　)。
　　A. 有所增加　　B. 有所减少　　C. 没有变化　　D. 无法判断

25. 某企业价格增长25%,产值增长50%,则产品产量增长(　　)。
　　A. 25%　　　B. 5%　　　C. 75%　　　D. 20%

26. 某市2005年社会商品零售额为12000万元,2010年增至15600万元,这五年中物价上涨了4%,则商品零售量指数为(　　)。
　　A. 130%　　　B. 104%　　　C. 80%　　　D. 125%

27. 若物价上涨20%,则现在100元(　　)。
　　A. 只值原来的0.80元　　　　　B. 只值原来的0.83元
　　C. 与原来的1元等值　　　　　 D. 无法与过去比较

28. 已知劳动生产率可变构成指数为134.5%,职工人数结构影响指数为96.3%,则劳动生产率固定构成指数为(　　)。
　　A. 139.67%　　B. 129.52%　　C. 71.60%　　D. 39.67%

29. 某企业的职工工资水平比上年提高5%,职工人数增加2%,则企业工资总额增长(　　)。
　　A. 10%　　　B. 7.1%　　　C. 7%　　　D. 11%

30. 在用指数体系进行多因素分析,各影响因素在排序时,一般(　　)。
    A. 数量指标在前,质量指标在后
    B. 质量指标在前,数且指标在后
    C. 有时数量指标在前,有时质量指标在前
    D. 哪一个指标在前都无所谓

二、多项选择题

1. 指数的作用是(　　)。
    A. 综合反映总体现象的变动方向
    B. 综合反映总体现象的变动程度
    C. 分析总体现象总变动中各因素影响的方向和程度
    D. 研究现象在长时期发展变化的趋势和规律
    E. 反映事物之间相互关系的密切程度

2. 编制总指数的方法有(　　)。
    A. 综合指数   B. 平均数指数
    C. 质量指标指数   D. 数量指标指数
    E. 平均指标指数

3. 同度量因素的作用有(　　)。
    A. 平衡作用   B. 稳定作用   C. 比较作用
    D. 权数作用   E. 同度量(媒介)作用

4. 用综合指数法编制总指数时,其中的同度量因素(　　)。
    A. 与平均数中的权数是两个不同的概念
    B. 既起同度量作用,又有权数作用
    C. 必须固定在同一个时期
    D. 其时期可以不固定   E. 又称权数

5. 下列属于数量指标指数的有(　　)。
    A. 工业产品产量指数   B. 劳动生产率指数
    C. 职工人数指数   D. 产品销售量指数
    E. 产品单位成本指数

6. 下列关于综合指数的表述正确的是(　　)。
    A. 综合反映多种现象的平均变动程度
    B. 两个总量指标对比的动态相对数
    C. 固定一个或一个以上因素,反映另一个因素的变动

D. 分子与分母是两个或两个以上因素的乘积之和

E. 分子或分母中有一项假定指标

7. 编制综合指数的一般原则是（   ）。

　　A. 质量指标指数以报告期数量指标作为同度量因素

　　B. 数量指标指数以报告期质量指标作为同度量因素

　　C. 质量指标指数以基期数量指标作为同度量因素

　　D. 数量指标指数以基期质量指标作为同度量因素

　　E. 随便确定

8. 下列属于质量指标指数的是（   ）。

　　A. 商品零售量指数　　B. 商品零售额指数

　　C. 商品零售价格指数　D. 职工劳动生产率指数

　　E. 销售商品计划完成程度指数

9. 某企业第四季度全部商品销售量为第三季度的 110%，这个指数是（   ）。

　　A. 季节指数　　　　B. 比较指数　　　C. 总指数

　　D. 数量指标指数　　E. 质量指标指数

10. 加权算术平均数指数是一种（   ）。

　　A. 综合指数　　　　B. 总指数　　　　C. 平均数指数

　　D. 个体指数的平均数　E. 平均指标指数

11. 2007 年按不变价格计算的工业总产值，甲地区为乙地区的 115%，这个指数是（   ）。

　　A. 总产值指数　　　B. 产量指数　　　C. 动态指数

　　D. 静态指数　　　　E. 价格指数

12. 平均数指数（   ）。

　　A. 是个体指数的加权平均数

　　B. 是计算总指数的一种形式

　　C. 计算方法上是先综合后对比

　　D. 资料选择时，既可用全面资料，也可用非全面资料

　　E. 可作为综合指数的变形形式来使用

13. 某企业基期产值为 100 万元，报告期比基期增长 14%，又知以基期价格计算的报告期假定产值为 112 万元。经计算可知（   ）。

　　A. 产量增加 12%

　　B. 价格增加 12%

C. 由于价格变化使产值增加 2 万元

D. 由于产量变化使产值增加 12 万元

E. 由于产量变化使产值增加 20 万元

14. 在编制综合指数时，首先必须（　　）。

　　A. 确定指数化因素　　B. 计算个体指数　　C. 固定同度量因素

　　D. 选择同度量因素所属的时期　　E. 选择代表规格品

15. 居民消费价格指数与零售物价指数的主要区别是（　　）。

　　A. 分类不同　　B. 观察角度不同

　　C. 研究范围不同　　D. 调查方法不同

　　E. 权数选择不同

16. 三种商品的价格指数为 110%，其绝对影响为 500 元，表明（　　）。

　　A. 三种商品价格平均上涨 10%

　　B. 由于价格变动使销售额增长 10%

　　C. 由于价格上涨使居民消费支出多支出了 500 元

　　D. 由于价格上涨使商店多了 500 元销售收入

　　E. 报告期价格与基期价格绝对相差 500 元

17. 下面哪些指数式是综合指数？（　　）

　　A. $\dfrac{\sum q_1 p_0}{\sum q_0 p_0}$　　B. $\dfrac{\sum q_1 p_1}{\sum \dfrac{q_1 p_1}{k}}$　　C. $\dfrac{\sum q_1 p_1}{\sum q_1 p_0}$

　　D. $\dfrac{\sum q_0 p_0}{\sum q_0 p_0}$　　E. $\dfrac{\sum q_1 p_1}{\sum q_1} \div \dfrac{\sum q_1 p_0}{\sum q_1}$

18. 下列哪些是反映平均指标变动的指数？（　　）

　　A. 可变构成指数　　B. 固定构成指数　　C. 结构影响指数

　　D. 算术平均知指数　　E. 调和平均指数

19. 指数体系的作用是（　　）。

　　A. 可以进行因素分析　　B. 测定现象总规模

　　C. 可以进行指数间的互相推算

　　D. 测定现象的长期变动趋势

　　E. 测定不能直接相加与对比的现象的总变动

20. 指数因素分析法的前提条件是（　　）。

　　A. 各因素指数的乘积等于现象总变动指数

　　B. 各因素指数之和等于现象总变动指数

第六章 统计指数

  C. 各因素影响差额之和等于实际发生的总差额
  D. 各因素指数与总变动指数之间存在一定的因果关系
  E. 构成指数体系各指标之间存在一定的经济关系

三、简答题

  1. 什么是简单现象总体、复杂现象总体？统计指数研究什么总体？
  2. 统计指数有哪些作用？
  3. 综合指数编制的特点有哪些？
  4. 平均数指数在什么条件下才能成为综合指数的变形？试列式证明二者之间的关系。
  5. 平均指数与综合指数有何区别与联系？
  6. 什么是指数体系？因素分析主要分析哪些内容？
  7. 平均指数的基本含义和计算形式是什么？
  8. 平均指数与平均数指数有何区别？
  9. 如何正确运用平均指标指数？
  10. 在进行多因素分析时，在方法上应注意哪些？
  11. 什么是同度量因素？在编制指数时如何确定同度量因素的所属时期？
  12. 统计指数的分类主要有哪些？

四、计算题

  1. 某厂生产的三种产品的有关资料如下：

产品名称	产量		单位产品成本	
	基期	报告期	基期	报告期
甲	1000	1200	10	8
乙	5000	5000	4	4.5
丙	1500	2000	8	7

  要求：计算三种产品的成本总指数以及由于单位产品成本变动而使总成本变动的绝对额。
  2. 某商店三种商品的销售资料如下：

	销售量(万千克)		价格(元)	
	2012年	2013年	2012年	2013年
甲	30	36	1.80	2.0
乙	140	160	1.90	2.20
丙	100	100	1.50	1.60

试计算:(1) 三种商品的销售额总指数。

(2) 三种商品的价格综合指数和销售量综合指数。

(3) 分析销售量和价格变动对销售额的影响程度和影响绝对额。

3. 某公司三种商品销售额及价格变动资料如下:

商品名称	商品销售额(万元)		价格变动率(%)
	基期	报告期	
甲	500	650	2
乙	200	200	−5
丙	1000	1200	10

试计算三种商品价格总指数和销售量总指数。

4. 某商店主要商品价格和销售额资料如下:

商品	计量单位	价格		本月销售额(万元)
		上月	本月	
甲	件	100	110	110
乙	台	50	48	24
丙	套	60	63	37.8

试计算价格总指数以及由于价格的变动而对销售额的影响。

5. 某市2010年社会商品零售额12000万元,2012年增加为15600万元。物价指数提高了4%,试计算零售量指数,并分析零售量和物价因素变动对零售总额变动的影响绝对值。

6. (1) 已知同样多的人民币,报告期比基期少购买7%的商品,问物价指数是多少?

(2) 已知某企业产值报告期比基期增长了24%,职工人数增长了17%,问劳动生产率如何变化?

7. 已知某粮店三种商品的销售情况如下:

第六章 统计指数

商品名称	销售量（千克）		单价（元/千克）		销售额（元）		
	2012 q_0	2013 q_1	2012 p_0	2013 p_1	$p_0 q_0$	$p_1 q_1$	$p_0 q_1$
大米	1200	1500	3.6	3.4			
面粉	1500	2000	2.3	2.5			
食油	500	550	9.8	10.4			
合计	—	—	—	—			

（1）将上表填写完整。
（2）求出销售额指数、拉氏销售量指数和帕氏价格指数。
（3）分析三种商品的销售额变动中销售量和价格两个因素的作用。

8．某地区对两种商品的收购量和收购额资料如下：

商品	收购额（万元）		收购量	
	基期	报告期	基期	报告期
A	200	220	1000	1050
B	50	70	400	800

试求收购量总指数和收购价格总指数。

9．下表是某企业报告期与基期年平均工人数、总产值资料，试对全公司的总劳动生产率的变动进行因素分析。

企业名称	企业总产值（万元）		年平均工人数（人）	
	报告期 $x_1 f_1$	基期 $x_0 f_0$	报告期 f_1	基期 f_0
甲	1140	900	1900	1800
乙	550	450	1100	1000
丙	2750	2000	2500	2000
合计	4440	3350	5300	4800

10．根据下表的资料，分析原材料消耗费用的变动，分别受产量、单位原材料消耗量和单位原材料价格变动的影响。

产品名称	计量单位	产量		单位原材料消耗量		单位原材料价格(元)	
		基期 q_0	报告期 q_1	基期 m_0	报告期 m_1	基期 p_0	报告期 p_1
甲	吨	150	200	10	9	100	110
乙	件	500	600	2	1.8	20	24
丙	套	300	400	5	6	50	40

11. 下表是某地农产品收购价格的有关分类资料：

类别及品名	品级	计量单位	综合平均价(元)		价格指数(%)	收购金额(万元)
			上年	本年		本年实际
甲	乙	丙	1	2	3	4
一、粮食类						6955
小麦	中等	百千克	158.03	136.75		2550
玉米	中等	百千克	127.18	105.97		2840
籼稻	中等	百千克	160.13	128.95		1105
黄豆	中等	百千克	310.13	297.36		460
二、经济作物类					101.7	4905
三、木材类					103.7	1890
四、工业用油漆					111.7	742
五、畜禽产品类					108.7	2580
六、蚕茧蚕丝类					118.4	760
七、干鲜果类					86.8	420
八、干鲜菜及调味品					81.9	1124
九、药材类					104.6	815
十、土副产品类					108.5	665
十一、水产品类					101.4	1190
合　计	—	—	—	—	—	22046

要求：

(1) 试编制某地农产品收购价格总指数。

(2) 由于农产品收购价格的变动而对农民收入的影响。

第四部分　习题答案

一、单项选择题

1. C　2. A　3. B　4. C　5. C　6. D　7. B　8. D　9. C
10. C　11. C　12. D　13. C　14. C　15. B　16. B　17. B　18. C
19. B　20. A　21. A　22. D　23. A　24. D　25. D　26. D　27. B
28. A　29. B　30. A

二、多项选择题

1. ABCD　2. AB　3. DE　4. ABC　5. ACD　6. ABCDE
7. AD　8. CDE　9. CD　10. BCD　11. BD　12. ABDE
13. ACD　14. ACD　15. ABCE　16. ABCD　17. AC　18. ABC
19. AC　20. ACDE

三、简答题

1. 简单现象总体是指总体的单位可以直接加总。例如,研究一种或一类产品的产量构成的总体。

复杂现象总体是指总体的单位不能直接加总。例如,使用价值不同的产品产量、商品销售量等构成的总体。

统计指数主要研究复杂现象总体,但并不排除对简单现象总体的研究。

2. 指数的作用有以下几个方面:① 综合反映复杂现象总体数量上的变动状况。它以相对数的形式,表明多种产品或商品的数量指标或质量指标的综合变动方向和程度。② 分析现象总体变动中受各个因素变动的影响程度。包括现象总体总量指标和平均指标的变动受各个因素变动的影响程度分析。③ 利用连续编制的指数数列,对复杂现象总体长时间发展变化趋势进行分析。

3. 综合指数编制的特点是:① 从现象因素的联系关系中,确定与研究现象相联系的因素,即同度量因素,通过同度量因素的加入,即将不能直接加总的所研究的现象过渡到能够加总综合的价值指标。考察数量指标的变动时,以质量指标作为同度量因素,考察质量指标的变动时,以数量指标作为同度量因素。② 在两个不同时期经过加总综合后的价值指标进行对比时,通过将同度量因素固定在同一时期的水平上来消除同度量因素的影响,从而单纯测定所研究现象的变动方向和程度。

4. 平均数指数要成为综合指数的变形,必须在特定权数的条件下。具体来讲,加权算术平均数值要成为综合指数的变形,必须在基期总值(q_0p_0)这个特定的权数条件下;加权调和平均数值要成为综合指数的变形,必须在报告期总值(q_1p_1)这个特定的权数条件下。列式证明如下:

$$\overline{K}_q = \frac{\sum kq_0 p_0}{\sum q_0 p_0} = \frac{\sum \frac{q_1}{q_0}q_0 p_0}{\sum q_0 p_0} = \frac{\sum q_1 p_0}{\sum q_0 p_0}$$

$$\overline{K}_p = \frac{\sum q_1 p_1}{\sum \frac{q_1 p_1}{k}} = \frac{\sum q_1 p_1}{\sum q_1 p_1 / \frac{p_1}{p_0}} = \frac{\sum q_1 p_1}{\sum q_1 p_0}$$

5. 平均指数与综合指数之间既有区别又有联系。区别表现在如下三个方面:① 解决复杂总体不能直接同度量问题的基本思路不同。综合指数的特点是"先综合后对比";平均指数的特点是"先对优后综合"。② 运用资料的条件不同。综合指数要求全面的资料;平均指数既可用于全面资料,也可用于非全面资料。③ 在经济分析中的作用不同。平均指数除作为综合指数变形加以应用的情况外,主要是用以反映复杂现象总体的变动方向和程度,一般不用于因素分析;综合指数由于用于对比的总量指标有明确的经济内容,因此在经济分析中,不仅用于分析复杂现象总体的变动方向和程度,而且用于因素分析,表明因素变动对结果变动影响的程度。

平均指数与综合指数的联系主要表现为在一定的权数条件下,两类指数之间有变形关系,平均指数可以作为综合指数的变形形式加以应用。

6. 指数体系是指标体系的具体运用,它产生于指标之间的经济联系和数量关系。具体来讲,由三个或三个以上经济上有联系的指数所组成的数学关系式叫做指数体系。因素分析只有借助于指数体系,才能分析社会经济现象变动中各种因素变动发生作用的影响程度。因素分析主要分析以下两个方面的问题:① 分析社会经济现象总体总量指标的变动受各种因素变动的影响程度;② 分析社会经济现象总体平均指标的变动受各种因素变动的影响程度。

7. 平均指数是从个体指数出发来编制总指数的,即先计算出各种产品或商品的数量指标或质量指标的个体指数,然后进行加权平均计算,来测定现象的总变动程度。

平均指数的计算形式为算术平均数指数与调和平均数指数。

8. 平均指数与平均数指数主要有三个方面的区别：① 平均指数是对个体指数的加权平均，而平均指标指数是两个不同时期的平均指标对比；② 平均数指数与综合指数有变形关系，而平均指标指数则不然；③ 平均指数反映总量指标的变动，而平均指标指数反映平均指标的变动。

9. 平均指标变动的因素分析所运用的三种指数有其独立应用的意义，应根据分析任务和研究对象的具体情况加以应用。具体来讲：如果要反映各级水平变化对总体平均水平的影响，则要用固定结构指数；如果要反映总体内部构成变化对总体平均水平的影响，则要计算结构变动影响指数；如果要反映各级水平及总体内部构成变化对总体平均水平的共同影响，则要计算可变指数。

10. 在进行多因素分析时，在方法上要注意两点：① 在分析某一因素对经济指标的影响时，要把其他因素作为同度量因素固定下来，被固定因素的时期应根据综合指数编制以经济内容为依据的要求；② 各因素要合理安排顺序，先数量指标后质量指标，同时保证中间位置的因素与前后因素结合有实际意义。

11. 在统计指数编制中，能使不同度量单位的现象总体转化为数量上可以加总，并客观上体现它在实际经济现象或过程中的份额这一媒介因素，称为同度量因素。

一般情况下，编制数量指标综合指数时，应以相应的基期的质量指标为同度量因素；而编制质量指标综合指数时，应以相应的报告期的数量指标为同度量因素。

12. 统计指数的分类主要有：

(1) 按反映的对象范围不同，分为个体指数和总指数。

(2) 按所表明的指数性质不同，分为数量指标指数和质量指标指数。

(3) 按所采用基期的不同，分为定基指数和环比指数。

四、计算题

1. 产品成本指数 $= \dfrac{\sum q_1 p_1}{\sum q_1 p_0} = \dfrac{46100}{48000} = 96.04\%$。

由于单位产品成本变动而使总成本变动的绝对额：

$$(\sum q_1 p_1 - \sum q_1 p_0) = 461000 - 48000 = -1900(万元)$$

2. 零售额指数 $= \dfrac{\sum q_1 p_1}{\sum q_0 p_0} = \dfrac{584}{470} = 124.26\%$。

增加的绝对额 $= \sum q_1 p_1 - \sum q_0 p_0 = 584 - 470 = 114(万元)$。

价格综合指数：

$$\frac{\sum q_1 p_1}{\sum q_1 p_0} = \frac{584}{518.8} = 112.57\%$$

由于价格提高而增加的绝对额：

$$\left(\sum q_1 p_1 - \sum q_1 p_0\right) = 584 - 518.8 = 65.2(万元)$$

$$销售量综合指数 = \frac{\sum q_1 p_0}{\sum q_0 p_0} = \frac{518.8}{470} = 110.38\%$$

由于销售量增加而增加的绝对额：

$$\left(\sum q_1 p_1 - \sum q_0 p_0\right) = 518.8 - 470 = 48.8(万元)$$

价格和销售量变动对零售额变动的相对影响为

$$\frac{\sum q_1 p_1}{\sum q_0 p_0} = \frac{\sum q_0 p_0}{\sum q_0 p_0} \cdot \frac{\sum q_1 p_1}{\sum q_1 p_0}$$

$$124.26\% = 112.57\% \times 110.38\%$$

零售物价和零售量变动对零售额变动的影响绝对值为

$$114(万元) = 65.2(万元) + 48.8(万元)$$

3. 三种商品物价总指数：

$$\frac{\sum q_1 p_1}{\sum \frac{1}{k} q_1 p_1} = \frac{650 + 200 + 1200}{\frac{650}{1+2\%} + \frac{200}{1-5\%} + \frac{1200}{1+10\%}} = \frac{2050}{1938.69} = 105.74\%$$

销售量总指数 = 销售额指数 ÷ 价格指数

$$= \frac{\sum q_1 p_1}{\sum q_0 p_0} \div \frac{\sum q_1 p_1}{\sum \frac{1}{k} q_1 p_1}$$

$$= \frac{650 + 200 + 1200}{500 + 200 + 1000} \div 105.74\% = 114.04\%$$

4. 价格总指数为

$$\frac{\sum q_1 p_1}{\sum \frac{p_1 q_1}{k}} = \frac{110 + 24 + 37.8}{\frac{110}{1.1} + \frac{24}{0.96} + \frac{37.8}{1.05}} = 106.71\%$$

由于价格变动而增加的销售额（万元）为：

$$\sum p_1 q_1 - \sum \frac{p_1 q_1}{k} = 171.8 - 161 = 10.8$$

5. 已知：$\sum q_0 p_0 = 12000$ 万元，$\sum q_1 p_1 = 15600$ 万元，则

$$物价指数 = \frac{\sum q_1 p_1}{\sum q_1 p_0} = 104\%$$

且

$$\sum q_1 p_0 = \frac{\sum q_1 p_1}{104\%} = \frac{15600}{104\%} = 15000(万元)$$

$$零售量指数 = \frac{\sum q_1 p_0}{\sum q_0 p_0} = \frac{15000}{12000} = 125\%$$

零售量变动影响的零售额：

$$\sum q_1 p_0 - \sum q_0 p_0 = 15000 - 12000 = 3000(万元)$$

零售物价变动影响的零售额：

$$\sum q_1 p_1 - \sum q_1 p_0 = 15600 - 15000 = 600(万元)$$

零售量增加 25% 使零售额增加 3000 万元，零售物价上涨 4% 使零售额增加 600 万元，两因素共同影响使零售额增加 3600 万元。

6.（1）购买额指数＝购买量指数×物价指数，即

$$\frac{\sum q_1 p_1}{\sum q_0 p_0} = \frac{\sum q_1 p_0}{\sum q_0 p_0} \times \frac{\sum q_1 p_1}{\sum q_1 p_0}$$

则

物价指数 ＝ 购买额指数÷购买量指数 ＝ 100%÷(1－7%) ＝ 107.5%

（2）工业总产值指数＝职工人数指数×劳动生产率指数，则

劳动生产率提高程度百分比＝（工业总产值指数÷职工人数指数）－1

＝ (1＋24%)÷(1＋17%)－1 ＝ 5.98%

7.（1）将题表填写完整，如下表：

商品名称	销售量(千克)		单价(元/千克)		销售额(元)		
	2012 q_0	2013 q_1	2012 p_0	2013 p_1	$p_0 q_0$	$p_1 q_1$	$p_0 q_1$
大米	1200	1500	3.6	3.4	4320	5100	5400
面粉	1500	2000	2.3	2.5	3450	5000	4600
食油	500	550	9.8	10.4	4900	5720	5390
合计	—	—	—	—	12670	15820	15390

(2) 求出销售额指数、拉氏销售量指数和帕氏价格指数。

$$销售额指数 = \frac{\sum p_1 q_1}{\sum p_0 q_0} = \frac{15820}{12670} = 124.86\%$$

$$拉氏销售量总指数 = \frac{\sum q_1 p_0}{\sum q_0 p_0} = \frac{15390}{12670} = 121.47\%$$

$$帕氏价格总指数 = \frac{\sum p_1 q_1}{\sum p_0 q_1} = \frac{15820}{15390} = 102.79\%$$

(3) 分析三种商品的销售额变动中销售量和价格两个因素的作用。

对销售额指数进行因素分析：

$$销售额增量 = \sum q_1 p_1 - \sum q_0 p_0 = 15820 - 12670 = 3150(元)$$

由于销售量增加而引起的销售额增加量为

$$\sum q_1 p_0 - \sum q_0 p_0 = 15390 - 12670 = 2720(元)$$

由于价格上升而引起的销售额增加量为

$$\sum q_1 p_1 - \sum q_1 p_0 = 15820 - 15390 = 430(元)$$

销售额与销售量、价格之间的数值变动关系为

$$124.86\% = 121.47\% \times 102.79\%$$
$$3150 = 2720 + 430$$

计算结果表明，三种商品的销售额在 2013 年比 2012 年增加 3150 元，增幅为 24.86%，其中三种商品销售量总共增长了 21.47%，使销售额增加 2720 元；价格总共增长了 2.79%，使销售额增加了 430 元。因此可以看出，销售额的增加主要是由于销售量的增加。

8. $$收购量总指数 = \frac{\sum K q_0 p_0}{\sum q_0 p_0} = \frac{\frac{1050}{1000} \times 20 + \frac{800}{400} \times 50}{200 + 50} = 124\%$$

收购价格总指数 = 收购额总指数 ÷ 收购量总指数

$$\frac{\sum q_1 p_1}{\sum q_1 p_0} = \frac{220 + 70}{200 + 50} \div 124\% = 116\% \div 124\% = 93.55\%$$

9.

企业名称	企业总产值（万元）		年平均工人数（人）		劳动生产率（元/人）		个体指数 $\frac{x_1}{x_0}$	假定总产值(万元) $x_0 f_1$
	基期 $x_0 f_0$	报告期 $x_1 f_1$	基期 f_0	报告期 f_1	基期 x_0	报告期 x_1		
(甲)	(1)	(2)	(3)	(4)	(5)	(6)	(7)	(8)
甲	900	1140	1800	1900	5000	6000	120	950
乙	450	550	1000	1100	45000	5000	111	495
丙	2000	2750	2000	2500	10000	11000	110	2500
合计	3350	4440	4800	5300	6979	8073	116	3945

先计算三个企业的报告期和基期的平均劳动生产率（$\bar{x}_1$ 和 $\bar{x}_0$）：

报告期

$$\bar{x}_1 = \frac{\sum x_1 f_1}{\sum f_1} = 8073 (元)$$

基期

$$\bar{x}_0 = \frac{\sum x_0 f_0}{\sum f_0} = 6979 (元)$$

另外，还可计算一个假定平均劳动生产率（$\bar{x}_{01}$），假定

$$\bar{x}_{01} = \frac{\sum x_0 f_1}{\sum f_1} = 7173 (元)$$

(1) 可变组成劳动生产率指数：

这一指数中包含着两个因素的变动，即劳动生产率水平因素的变动和工人人数结构的变动。具体数字计算：

$$\frac{\bar{x}_1}{\bar{x}_0} = \frac{\sum x_1 f_1 / \sum f_1}{\sum x_0 f_0 / \sum f_0} = \frac{8073}{6979} = 1.1568 \text{ 或 } 115.68\%$$

劳动生产率增长的绝对数 $= \bar{x}_1 - \bar{x}_0 = 8073 - 6979 = 1094 (元)$

(2) 固定组成劳动生产率指数：

这一指标是单独反映劳动生产率水平因素变动的情况，因此，必须将工人人数结构假定固定在同一时期。从经济意义上分析，将工人人数结构同时固定在报

告期有现实意义。具体数字计算：

$$\frac{\overline{x}_1}{\overline{x}_{01}} = \frac{\sum x_1 f_1 / \sum f_1}{\sum x_0 f_1 / \sum f_1} = \frac{8073}{7173} = 1.1255 \text{ 或 } 112.55\%$$

由于劳动生产率水平提高，增长的绝对数＝8073－7173＝900(元)。

(3) 结构影响劳动生产率指数：

这一指数反映结构因素变动的情况。因此必须将劳动生产率水平因素固定在基期，具体数字计算：

$$\frac{\overline{x}_{01}}{\overline{x}_0} = \frac{\sum x_0 f_1 / \sum f_1}{\sum x_0 f_0 / \sum f_0} = \frac{7173}{6979} = 1.0278 \text{ 或 } 102.78\%$$

由于工人人数结构变动，使劳动生产率提高的绝对数＝7173－6979＝194(元)。

10. 原材料费用为 qmp。

产品名称	原材料费用总额(万元)			
	$q_0 m_0 p_0$	$q_1 m_0 p_0$	$q_1 m_1 p_0$	$q_1 m_1 p_1$
甲	15	20	19	19.8
乙	2	2.4	2.16	2.592
丙	7.5	10	12	9.6
合计	24.5	32.4	32.16	31.992

(1) 相对数分析：

$$\text{原材料费用指数} = \frac{\sum q_1 m_1 p_1}{\sum q_0 m_0 p_0} = \frac{31.992}{24.5} = 130.58\%$$

$$\text{产量指数} = \frac{\sum q_1 m_0 p_0}{\sum q_0 m_0 p_0} = \frac{32.4}{24.5} = 132.24\%$$

$$\text{单位原材料消耗量指数} = \frac{\sum q_1 m_1 p_0}{\sum q_1 m_0 p_0} = \frac{32.16}{32.4} = 99.26\%$$

$$\text{单位原材料价格指数} = \frac{\sum q_1 m_1 p_1}{\sum q_1 m_1 p_0} = \frac{31.992}{32.16} = 99.48\%$$

于是得到绝对关系式为
$$130.58\% = 132.24\% \times 99.26\% \times 99.48\%$$

(2) 绝对数分析：

$$原材料费用变动额 = \sum q_1 m_1 p_1 - \sum q_0 m_0 p_0$$
$$= 31.992 - 24.5 = 7.492(万元)$$

$$产量变动的影响额 = \sum q_1 m_0 p_0 - \sum q_0 m_0 p_0$$
$$= 32.4 - 24.5 = 7.9(万元)$$

$$单位原材料消耗量变动的影响额 = \sum q_1 m_1 p_0 - \sum q_1 m_0 p_0$$
$$= 32.16 - 32.4 = -0.24(万元)$$

$$单位原材料价格变动的影响额 = \sum q_1 m_1 p_1 - \sum q_1 m_1 p_0$$
$$= 31.992 - 32.16 = -0.168(万元)$$

于是得到绝对关系式为
$$7.492(万元) = 7.9(万元) + (-0.24)(万元) + (-0.168)(万元)$$

计算结果表明，产量增长 32.24%，影响原材料消耗费用增加 7.9 万元；单位原材料消耗量降低 0.74%，影响原材料消耗费用减少 0.24 万元；单位原材料价格降低 0.52%，影响原材料消耗费用减少 0.168 万元，三者共同作用，总共使原材料消耗费用增长 30.58%，增加 7.492 万元。

11. (1) 农产品收购价格指数的具体计算步骤为：

第一步，计算各代表规格品的收购价格指数。将各调查商品的报告期综合平均收购价格除以基期综合平均收购价格求得。如：

$$小麦个体价格指数 = 136.75 \div 158.03 = 86.5\%$$

第二步，计算各大类商品的收购价格指数。

粮食大类收购价格指数：

$$\overline{K}_p = \frac{\sum p_1 q_1}{\sum \frac{1}{K_p} p_1 q_1} = \frac{2550 + 2840 + 1105 + 460}{\frac{2550}{0.865} + \frac{2840}{0.833} + \frac{1105}{0.805} + \frac{460}{0.958}} = \frac{6955}{8210} = 84.7\%$$

第三步，计算农产品收购价格总指数。将各大类指数用各相应大类商品的报告期收购额作权数调和平均，即可得下表：

类别及品名	品级	计量单位	综合平均价（元）		价格指数（%）	收购金额（万元）	
			上年	本年		本年实际	按上年价计算
甲	乙	丙	(1)	(2)	(3)	(4)	(5)=(4)÷(3)
一、粮食类					84.7	6955	8210
小麦	中等	百千克	158.03	136.75	86.5	2550	2948
玉米	中等	百千克	127.18	105.97	83.3	2840	3409
籼稻	中等	百千克	160.13	128.95	80.5	1105	1373
黄豆	中等	百千克	310.13	297.36	95.8	460	480
二、经济作物类					101.7	4905	4823
三、木材类					103.7	1890	1823
四、工业用油漆					111.7	742	664
五、畜禽产品类					108.7	2580	2374
六、蚕茧蚕丝类					118.4	760	642
七、干鲜果类					86.8	420	484
八、干鲜菜及调味品					81.9	1124	1372
九、药材类					104.6	815	779
十、土副产品类					108.5	665	613
十一、水产品类					101.4	1190	1174
合 计	—	—	—	—	96.0	22046	22958

农产品收购价格总指数：

$$\overline{K}_p = \frac{\sum p_1 q_1}{\sum \frac{1}{K_p} p_1 q_1} = \frac{22046}{22958} = 96.0\%$$

计算结果表明，该地区农产品收购价格比上年平均降低了4%。

(2) $\sum p_1 q_1 - \sum \frac{p_1 q_1}{K_p} = 22046 - 22958 = -912$（万元），它说明由于农产品收购价格的降低，使得农民减少收入912万元。

第七章 抽样推断

第一部分 学习辅导

一、本章学习目的与要求

(1) 理解抽样推断的概念、特点以及几个有关的概念。
(2) 掌握抽样误差的概念、抽样平均误差、抽样极限误差的概念与相关计算公式。
(3) 掌握简单随机抽样下的总体参数的估计。
(4) 了解其他几种抽样下的总体参数的估计。
(5) 了解抽样组织设计的有关内容。

二、本章内容提要

(一)抽样推断中的一些基本概念

抽样推断是在根据随机原则从总体中抽取部分实际数据的基础上,运用数理统计方法,对总体某一现象的数量性作出具有一定可靠程度的估计判断。

抽样推断具有以下特点:① 它是由部分推算整体的一种认识方法;② 它是建立在随机取样的基础上的;③ 它是运用概率估计的方法;④ 抽样推断的误差可以事先计算并加以控制等特点。

1. 全及总体和样本总体

全及总体是我们所要研究的对象,而样本总体则是我们所要观察的对象,两者是既有区别而又有联系的不同范畴。全及总体又称母体,简称总体,它是指所要认识的,具有某种共同性质的许多单位的集合体。样本总体又称子样,简称样本,是从全及总体中随机抽取出来,代表全及总体的那部分单位的集合体。样本总体的单位数称为样本容量,通常用小写英文字母 n 来表示。随着样本容量的增大,样本对总体的代表性越来越高,并且当样本单位数足够多时,样本平均数愈接近总体平均数。

如果说对于一次抽样调查,全及总体是唯一确定的,那么样本总体就不是这样,样本是不确定的,一个全及总体可能抽出很多个样本总体,样本的个数与样本的容量有关,也与抽样的方法有关。

2. 全及指标和抽样指标

根据全及总体各个单位的标志值或标志属性计算的,反映总体某种属性或特征的综合指示称为全及指标。常用的全及指标有总体平均数(或总体成数)、总体标准差(或总体方差)。

由样本总体各单位标志值计算出来反映样本特征,用来估计全及指标的综合指标称为统计量(抽样指标)。统计量是样本变量的函数,用来估计总体参数,因此与总体参数相对应。统计量有样本平均数(或抽样成数)、样本标准差(或样本方差)。

对于一个问题全及总体是唯一确定的,所以全及指标也是唯一确定的,全及指标也称为参数,它是待估计的数。而统计量则是随机变量,它的取值随样本的不同而发生变化。

3. 样本容量和样本个数

样本容量是指一个样本所包含的单位数。通常将样本单位数不少于30个的样本称为大样本,不及30个的称为小样本。社会经济统计的抽样调查多属于大样本调查。样本个数又称样本可能数目,指从一个总体中可能抽取的样本个数。一个总体有多少样本,则样本统计量就有多少种取值,从而形成该统计量的分布,此分布是抽样推断的基础。

4. 重复抽样和不重复抽样

重复抽样也称为回置或放回抽样。简单地说,假定从总体 N 个单位中随机抽取一个容量为 n 的样本,可从总体中每次仅随机抽取一个单位进行观测,经观测登记后放回原总体中重新随机抽取,直到抽满预定的 n 个单位为止。其特点是:① 每次抽样是在完全相同的条件下进行的;② 每个单位被抽中的机会在每次抽样中都相等。

不重复抽样也称不回置抽样。如果从总体 N 个单位中随机抽取一个容量为 n 的样本,可从总体中每次仅随机抽取一个单位,观测登记后不再放回原总体中参加下一次抽选,直到抽满预定的 n 个单位为止。其特点是:① 每次抽样是随机的,但每次抽样后下一次抽样总体单位就减少一个;② 每个单位中选的机会在各次抽样中是不同的。

第七章 抽样推断

抽样方法与可能的样本个数

	考虑顺序	不考虑顺序
重复抽样	N^n	C_{N+n-1}^n
不重复抽样	P_N^n	C_N^n

5. 抽样误差、抽样平均误差、抽样极限误差

（1）抽样误差是指由于随机抽样的偶然因素使样本各单位的结构不足以代表总体各单位的结构，因而引起抽样的样本指标和全及指标之间的绝对离差。因此，又称为随机代表性误差，它不包括登记误差，也不包括系统性误差。

（2）抽样平均误差反映抽样误差一般水平的指标，它的实质含义是指抽样平均数（或成数）的标准差。即它反映了抽样指标与总体指标的平均离差程度。抽样平均误差的作用首先表现在它能够说明样本指标代表性的大小。平均误差大，说明样本指标对总体指标的代表性低；反之，则高。

（3）抽样极限误差是指用绝对值形式表示的样本指标与总体指标偏差的可允许的最大范围。它表明被估计的总体指标有希望落在一个以样本指标为基础的可能范围。在抽样实践中，抽样极限误差通常是根据对估计精度的要求事先给定的。它的实际意义是用抽样平均数或成数来估计总体平均数或成数时，估计误差应控制在抽样极限误差的范围内。

抽样平均误差的计算

	抽样平均数平均误差	抽样成数平均误差
重复抽样	$\mu_{\bar{x}} = \dfrac{\sigma}{\sqrt{n}}$	$\mu_p = \sqrt{\dfrac{p(1-p)}{n}}$
不重复抽样	$\mu_{\bar{x}} = \sqrt{\dfrac{\sigma^2}{n}\left(1-\dfrac{n}{N}\right)}$	$\mu_p = \sqrt{\dfrac{p(1-p)}{n}\left(1-\dfrac{n}{N}\right)}$

影响抽样误差的因素有：① 总体各单位标志值的差异程度；② 样本的单位数；③ 抽样的方法；④ 抽样调查的组织形式。

6. 抽样估计的置信度、概率度与精度

（1）抽样估计的置信度是指抽样指标与总体指标的抽样误差不超过一定范围的概率，也称为概率保证程度。

（2）抽样估计的概率度是指对应抽样概率保证程度下的抽样极限误差与抽样平均误差之比。即把抽样极限误差 $\Delta_{\bar{x}}$ 或 Δ_p 相应除以 $\mu_{\bar{x}}$ 或 μ_p，得出相对的误差

程度 t 倍，t 称为抽样误差的概率度。于是有 $\Delta_{\bar{x}}=t\mu_{\bar{x}}$，$\Delta_p=t\mu_p$。

（3）抽样估计的精度是指用样本指标值代替总体指标值的接近程度。接近程度越高，精度也越高，误差就越小。一般来说，概率保证程度越大，相应的抽样估计的误差就可能越大，精度就会越低。

（二）抽样估计方法

抽样估计就是利用实际调查计算的样本指标值来估计相应的总体指标数值。抽样估计有点估计和区间估计两种。

参数点估计的基本特点：根据总体指标的结构形式设计样本指标作为总体参数的估计量，并以样本指标的实际值直接作为相应总体参数的估计值。点估计的优良标准是无偏性、一致性和有效性。

抽样估计的置信度是表明抽样指标和总体指标的误差不超过一定范围的概率有多大。

参数区间估计的基本特点：根据给定的概率保证程度的要求，利用实际抽样资料，指出总体被估计值的上限和下限，即指出总体参数可能存在的区间范围，而不是直接给出总体参数的估计值。

总体参数区间估计根据给定的概率保证程度的要求，利用实际抽样资料，指出被估计值的上限和下限，即指出总体参数可能存在的区间范围。总体参数区间估计必须同时具备估计值、抽样误差范围和概率保证程度三个要素。

（三）抽样设计

1. 调查设计的基本原则与内容

（1）明确调查目的：每一项调查，必须有明确的调查目的。调查目的一般可分为调查的总目的和具体目的。调查目的是选定调查指标的依据。

（2）确定调查对象和观察单位：根据调查目的确定调查对象，即明确调查总体的同质范围。在确定的总体范围内，组成调查对象的每个个体即为观察单位。观察单位可以是一个人、一个家庭或一个群体。

（3）确定调查方法：根据研究问题的性质、客观条件和研究目的选择合适的调查方法。按调查的涉及面，一般可分为普查（overall survey）和抽样调查（sampling survey）。普查也称全面调查（complete survey），是对调查范围内的全部观察对象（总体）进行调查，一般用于了解总体在某一特定"时点"的情况。抽样调查是一种非全面调查，是从总体中抽取一定数量的观察单位组成样本，然后根据样本信息来推断总体特征。抽样调查是医学科研中最为常用的方法。

调查方法还可按调查的内容发生的时间,分为横断面调查(cross－sectional study)和纵向调查(longitudinal study);按资料的来源,可分为现场调查和利用现有资料两种;按调查方式,可分为面对面调查和非面对面调查(信访、电话采访等)两种。

(4)确定调查指标和变量:调查目的是选定调查指标的依据,调查指标是调查目的的具体体现。设计时,应将调查目的转化为具体的调查指标。调查指标可分为客观指标和主观指标,还可分为定性指标和定量指标。一个指标可以是一个或几个变量,也可以是几个指标构成一个变量。指标的设立应注意灵敏性、特异性和客观性,并紧扣研究目的,做到少而精。

(5)调查工具和调查表。

(6)确定样本含量:在现场调查中,最常用的是估计总体均数及估计总体率时要求的样本含量。估计总体均数的样本含量的计算公式:

$$n = \left(\frac{t_{a/2}\sigma}{\Delta_{\bar{x}}}\right)$$

式中,$\Delta_{\bar{x}}$ 为允许误差;σ 为估计的标准差,一般都是从以前的研究资料中获得。在算得 n 之前,自由度 v 不能确定,$t_{0.05/2}$ 仍是未知的,解决的办法是先以 $u_{0.05/2}$ 代替 $t_{0.05/2}$,用迭代法求得 n。估计总体率的样本含量的计算公式:

$$n = \frac{u_{a/2}^2 p(1-p)}{\Delta_p^2}$$

式中,Δ 为允许误差。如果估计的 p 是一个范围,那就应该取其中最靠近50%的值。假定估计的 p 在10%到30%之间,则取 $p=0.30$;假定估计的 p 在40%到80%之间,则取 $p=0.50$;如果对 p 一无所知,则取 $p=0.50$。

(7)调查员:调查员应该经过选择和培训,培训分理论培训和实践培训。调查员的工作量要合理,对调查员应有监督机制和质量控制措施。

(四)抽样方法

1. 简单随机抽样

所谓简单随机抽样(simple random sampling)是指在某个总体中以完全随机的方法抽取一部分个体组成样本。一般,在抽样前,需要先对抽样总体中的全部个体进行编号即确定抽样框架,然后用抽签或随机数字表的方法抽取一部分个体。这种抽样方法简单,计算抽样误差方便。但是,在大规模的调查中,由于对总体中的所有个体进行编号很困难,而且当样本量不大时抽取的个体可能很分散,因此,抽样和现场调查都会相当困难。

简单随机抽样的均数和率的标准误的计算公式如下：

$$S_{\bar{x}} = \sqrt{\left(1 - \frac{n}{N}\right)\frac{S^2}{n}}$$

$$S_p = \sqrt{\left(1 - \frac{n}{N}\right)\frac{p(1-p)}{n-1}}$$

式中，n/N 称为抽样比（sampling fraction），$(1-n/N)$ 为"有限总体校正数"（finite population correction）。去掉"有限总体校正数"即可用于无限总体抽样误差的计算。

2. 系统抽样

所谓系统抽样（systematic sampling）是指随机地在抽样框架内每间隔若干个个体抽取一个个体的抽样方法。在一般情况下，系统抽样的抽样误差与简单随机抽样相仿甚至比简单随机抽样的抽样误差还小。系统抽样的抽样误差一般按简单随机抽样方法估计。

3. 分层抽样

所谓分层抽样（stratified sampling）是先按对观察指标影响较大的某种特征，将总体分为若干类别（统计上称之为"层"，strata），再从每一层内随机抽取一定数量的观察单位，合起来组成样本。分层的原则是层间差别越大越好，层内差别越小越好。在样本总含量 n 确定后，有两种比较常用的方法用来分配各层的观察单位数 n_i。

（1）按比例分配（proportional allocation）：按各层观察单位数 N_i 占总体观察单位数 N 比例抽取样本，使各层样本含量 n_i 与样本总含量 n 之比等于各层观察单位数 N_i 与总体观察单位数 N 之比。采用按比例分层随机抽样时，所得均数或比例是自动加权的。样本量分配可按下式计算：

$$\frac{n_i}{n} = \frac{N_i}{N} \quad \text{或} \quad n_i = N_i \frac{n}{N}$$

（2）最优分配（optimum allocation）：即同时按总体各层观察单位数 N_i 的多少和标准差 σ_i 的大小分配，按下面两式分配各层的样本量，使抽样误差最小。

样本均数的抽样公式：

$$n_i = n \frac{N_i \sigma_i}{\sum N_i \sigma_i}$$

样本率的抽样公式：

$$n_i = n \frac{N_i \sqrt{\pi_i(1-\pi_i)}}{\sum N_i \sqrt{\pi_i(1-\pi_i)}}$$

第七章 抽样推断

分层抽样中,若令 $W_i = N_i/N$,则样本均数 $\overline{X}$ 和样本率 p 及其标准误差的计算公式如下:

样本均数:
$$\overline{X} = \sum W_i \overline{X}_i$$

样本均数的标准误差:
$$S_{\overline{x}} = \sqrt{\sum \left(1 - \frac{n_i}{N_i}\right) W_i^2 S_{x_i}^2}$$

样本率:
$$p = \sum W_i p_i$$

样本率的标准误差:
$$S_p = \sqrt{\sum \left(1 - \frac{n_i}{N_i}\right) W_i^2 S_{pi}^2}$$

4. 整群抽样

所谓整群抽样(cluster sampling)是先将总体按照某种与研究指标无关的特征划分为 K 个群组,每个群包括若干观察单位,然后再随机抽取 k 个群,将抽取的各个群的全部观察单位组成样本。整群抽样的特点是抽样和调查都很方便,可能省时、省力和省钱。缺点是可能抽样误差较大,特别是群间差别较大时。整群抽样的样本均数 $\overline{X}$ 和样本率 p 及其标准误差的计算公式如下:

样本均数:
$$\overline{X} = \frac{K}{Nk} \sum m_i \overline{X}_i$$

均数的标准误差:
$$S_{\overline{X}} = \frac{K}{N} \sqrt{\left(1 - \frac{k}{K}\right) \left(\frac{1}{k(k-1)}\right) \sum_{i=1}^{k} (T_i - \overline{T})^2}$$

式中,T_i 为样本第 i 群内观察值之和,$\overline{T}$ 为各 T_i 的均数,$\overline{T} = \sum T_i / k$。

样本率:
$$p = \frac{K}{Nk} \sum a_i$$

样本率的标准误差:
$$S_p = \frac{K}{N} \sqrt{\left(1 - \frac{k}{K}\right) \left(\frac{1}{k(k-1)}\right) \sum_{i=1}^{k} (a_i - \overline{a})^2}$$

式中,$\sum a_i$ 为样本中各群阳性数之和,$\overline{a}$ 为样本各群的平均阳性数。

第二部分 重点、难点释析

一、如何根据调查资料估计总体的参数

1. 关于总体均值和总量的估计

【例 7.1】 某市统计部门为了解全市居民年消费支出情况,从全市 20 万户居民中随机抽取 1000 户居民进行调查,经计算平均每户每年生活费支出为 1.8 万元,标准差为 0.9 万元。要求:

(1) 以 95.45%($t=2$)的概率保证程度估计户均生活费支出的区间。

(2) 估计全市居民消费总支出区间。

根据计算公式显然有：户均年支出区间为[1.8－0.056,1.8＋0.056]万元＝[1.744,1.856]万元；市居民消费总支出区间为 20 万户×[1.744,1.856]万元＝[3.488,3.712]亿元。

解析： （1）一般而言，抽样区间估计的基本步骤是：点估计、平均误差、极限误差、置信区间。本例就是标准的均值参数区间估计题型。由于样本均值与标准差是已知的，所以无需计算点估计值。

（2）本题计算时，必须注意"方差"与"标准差"的区别，不要将标准差当作方差来使用。

（3）社会经济问题抽样调查一般都是采用不重复抽样的，只有当总体单位总数 N 未知或 n/N 的比重很低时，才可以采用重复抽样平均误差公式来计算平均误差。

（4）估计总量指标时，直接将样本均值的区间乘上全及总体单位总数 N 即可。

2. 关于总体比例的估计

【例 7.2】 某企业为了解本市居民对某类保健品的看法，采用简单随机抽样方式，从全市居民户中随机抽取 500 人进行调查，结果如下：

态度	喜欢	一般性	不喜欢	合计
人数	320	100	80	500

要求：以 95%的可靠性估计全市居民中"喜欢"该产品的比例（$t=1.96$）。

根据简单随机抽样下的比例的估计公式有：

$$\Delta_p = t\mu_p = t\frac{\sigma}{\sqrt{n}} = t\sqrt{\frac{p(1-p)}{n}} = 1.96\sqrt{\frac{320/500(1-320/500)}{500}} \approx 0.042$$

喜欢该类保健品者的比率置信区间为：[64%－4.21%,64%＋4.21%]⇒[59.79%,68.21%]。

解析： （1）本例是标准的成数区间估计题型。其基本步骤同样是：点估计、平均误差、极限误差、置信区间。

（2）成数区间估计时最容易犯的错误就是：将 N、n、n_1 相混淆。其实，若用文字表述，应该是"从 N 中随机抽取 n 个单位进行观察，有 n_1 个单位是(具有某种特征)……"。并且，不要将抽样估计中提供的"可靠性水平"当作公式中的 P 来使用。"可靠性水平"值在计算时没有其他用途，只告诉我们概率密度 t 的具体取值。

(3) 本例没有提供全市居民总人数,所以 N 可视作"无穷",因而采用重复抽样的平均误差公式计算抽样误差。

二、关于样本容量的确定

【例 7.3】 某企业拟采用抽样技术对当天生产的 5000 件电子产品的耐用时间进行测试,要求有 99% 的可靠性($t=2.58$)使耐用时间的误差范围不超过 20 小时。根据生产规格要求,这类电子产品耐用时数的标准差不超过 150 小时。问:至少应该抽取多少件产品进行质量检查(分重复抽样与不重复抽样两种情况)?

显然已知 $N=5000, t=2.58, \Delta_{\bar{x}}=20, \sigma=150$,根据重复抽样和非重复抽样的计算公式容易得到两个样本量为

$$n_1 = \frac{t^2 \sigma^2}{\Delta_{\bar{x}}^2} = \frac{2.58^2 \times 150^2}{20^2} = 374.4 \approx 375$$

$$n_2 = \frac{n_1}{1+\frac{n_1}{N}} = \frac{374.4}{1+\frac{374.4}{5000}} = 348.3 \approx 349$$

解析:(1) 本例是样本容量确定的标准题型之一。样本容量确定其实是极限误差计算(参数估计)的反问题,因此其公式就是根据极限误差与平均误差之间的关系推导而来的。因为 $\Delta_{\bar{x}} = t\mu_{\bar{x}}$,等式两边平方,即有 $\Delta_{\bar{x}}^2 = t^2 \mu_{\bar{x}}^2$,在简单随机抽样情况之下, $\Delta_{\bar{x}}^2 = t^2 \frac{\sigma^2}{n}$,从而有上述的公式。

(2) 对于成数的抽样估计,是非标志的方差 $\sigma_{p2} = P(1-P)$,故只要将上述公式中的方差改为 $P(1-P)$ 即可。

(3) 样本容量估计时,计算结果总是取整数,小数点无论是否达到 0.5 均应该进位,故本列中 374.4 与 348.3 均进位,分别成为 375 与 349。

(4) 在样本容量确定时,允许误差或误差范围均是指极限误差 Δ。

【例 7.4】 某市质量技术监督部门拟对市场上某类牛奶制品的质量(合格率)进行检查,要求在 95% 的可靠性之下($t=1.96$),合格率的误差范围不超过 1%。根据最近三次同类检查,这类产品的合格率分别为 98.9%, 98.2%, 97.8%。问至少应该抽多少件产品进行检验?

显然已知 $t=1.96, \Delta p=1\%, P=97.8\%$,由于本例是成数估计时的样本容量确定。虽然实际的质量检验肯定是采用不重复抽样的,但由于市场上该类产品数量未知,可视作无穷大,故采用重复抽样的样本容量公式。另一方面,本例的关键是公式中 P 的选择。题中提供了三次同类检查的合格率资料,但是一般不能用三者平均数作为 P。样本容量确定时通常采用"保守原则",因此应该取"最大方

差",题中提供的三次调查合格率,其方差分别为 98.9%(1−98.9%)=0.010879,98.2%(1−98.2%)=0.011784,97.8%(1−97.8%)=0.021516,故取 $P=97.8\%$ 时方差达到最大,据之计算得出的样本容量也最大,据之作出的调查估计也是"最保守"的,从而也是最可靠的。但必须注意的是,此例表面上看是取三个合格率的最小者作为 P,但切不可据之类推,以为永远是最小的那个比率。例如,本例若改为对"不合格率"的估计,则前三次调查的不合格率是 1.1%,1.8%,2.2%,若错误地认为应该取三者中的小者,就会取 $P=1.1\%$,但据之计算的方差却不是最大而是最小。此时取 $P=2.2\%$ 才可达到"方差最大"。其实,$P=50\%$ 时成数方差达到最大值,因此,应该取最接近 50% 的那个比率作为样本容量公式中的 P。对于例 7.3 的资料,其实也存在着"最大方差"原则问题,即当资料中给出了近几次类似调查的样本方差,则也应该取其中最大者作为公式中的方差 σ。当同一次调查需要对两个以上的项目(如平均值与成数)进行估计时,应该分别计算这些项目的必要样本容量,然后取其中之大者作为最终确定的抽样单位数。就本题而言有:

$$n = \frac{t^2 p(1-p)}{\Delta_p^2} = \frac{1.96 \times 0.978(1-0.978)}{0.01^2} \approx 827$$

三、关于样本容量与抽样平均误差、抽样允许误差的关系

【例 7.5】 对于简单随机重复抽样,在其他条件不变的情况之下:

(1)抽样单位数(样本容量)分别增加 1 倍、3 倍,减少 25%、50%,则抽样平均误差分别如何变化?

(2)反之,若抽样允许误差缩小 20%、50%,扩大 50%、100%,则抽样单位数(样本容量)应该如何变化?

解析:(1)设改变要求之前的样本容量为 n,平均误差记为 μ,则当样本容量分别增加 1 倍、3 倍,减少 25%、50% 时,相应的 n 将分别为 $n_1=2n, n_2=4n, n_3=0.75n, n_4=0.5n$,相应抽样平均误差分别为

$$\mu_1 = \frac{\sigma}{\sqrt{n_1}} = \frac{\sigma}{\sqrt{2n}} \approx 0.707\mu$$

即样本容量扩大 1 倍,平均误差减少 29.29%。

$$\mu_2 = \frac{\sigma}{\sqrt{n_2}} = \frac{\sigma}{\sqrt{4n}} \approx 0.5\mu$$

即样本容量扩大 3 倍,抽样平均误差减少 50%。

$$\mu_3 = \frac{\sigma}{\sqrt{n_3}} = \frac{\sigma}{\sqrt{0.75n}} \approx 1.1547\mu$$

即样本容量减少 25%，抽样平均误差扩大 15.47%。

$$\mu_4 = \frac{\sigma}{\sqrt{n_4}} = \frac{\sigma}{\sqrt{0.5n}} \approx 1.4142\mu$$

即样本容量减少 50%，抽样平均误差扩大 41.42%。

(2) 设改变要求之前的允许误差记为 Δ，相应的样本容量记为 n，则当抽样允许误差缩小 20%、50%，扩大 50%、100% 时，相应的 Δ 分别为：$\Delta_1 = 0.8\Delta$，$\Delta_2 = 0.5\Delta$，$\Delta_3 = 1.5\Delta$，$\Delta_4 = 2\Delta$，相应样本容量为

$$n_1 = \frac{t^2\sigma^2}{\Delta_{\bar{x}}^2} = \frac{t^2\sigma^2}{\Delta_{\bar{x}}^2 0.8^2} = 1.5625n$$

即允许误差减少 20%，样本单位数应该扩大 0.5625 倍。

$$n_2 = \frac{t^2\sigma^2}{\Delta_{\bar{x}}^2} = \frac{t^2\sigma^2}{\Delta_{\bar{x}}^2 0.5^2} = 4n$$

即允许误差减少一半，样本单位数应该扩大 3 倍。

$$n_3 = \frac{t^2\sigma^2}{\Delta_{\bar{x}}^2} = \frac{t^2\sigma^2}{\Delta_{\bar{x}}^2 1.5^2} = 0.4444n$$

即允许误差扩大 50%，样本单位数可以减少 55.56%。

$$n_4 = \frac{t^2\sigma^2}{\Delta_{\bar{x}}^2} = \frac{t^2\sigma^2}{\Delta_{\bar{x}}^2 2.0^2} = 0.25n$$

即允许误差扩大 1 倍，样本单位数可以减少 75%。

说明：(1) 本题是测试学生对样本容量与抽样平均误差（或极限误差）之间数量关系掌握的熟练程度。因此，本题的关键是搞清楚在重复简单随机抽样情况之下，样本容量与平均误差、极限误差之间的公式关系。

(2) 本题还必须正确理解统计学中"扩大了"、"减少了"的真实含义，注意与"扩大到"、"减少到"之间的本质差别。"扩大了 1 倍"等价于"是原来的 2 倍"，"减少了 20%"等价于"是原来的 80%"，貌似简单，却总有不少初学者搞错，因此必须引以重视。

第三部分 习　　题

一、单项选择题

1. 抽样调查是(　　)。

A. 资料的搜集方法　　　　　　B. 推断方法
C. 资料的搜集方法和推断方法　D. 全面调查
2. 抽样调查的目的在于(　　)。
   A. 了解抽样总体的全面情况　B. 用样本指标推断全及总体指标
   C. 了解全及总体的全面情况　D. 用全及总体指标推断样本指标
3. 抽样调查与典型调查的主要区别是(　　)。
   A. 所研究的总体不同　　　　B. 调查对象不同
   C. 调查对象的代表性不同　　D. 调查单位的选取方式不同
4. 抽样应遵循的原则是(　　)。
   A. 随机原则　　　　　　　　B. 准确性原则
   C. 系统原则　　　　　　　　D. 及时性原则
5. 下列指标中为随机变量的是(　　)。
   A. 抽样误差　　　　　　　　B. 抽样平均误差
   C. 允许误差　　　　　　　　D. 样本容量
6. 下列指标中为非随机变量的是(　　)。
   A. 样本均值　　　　　　　　B. 样本方差
   C. 样本成数　　　　　　　　D. 样本容量
7. 样本是指(　　)。
   A. 任何一个总体　　　　　　B. 任何一个被抽中的调查单位
   C. 抽样单元
   D. 由被抽中的调查单位所形成的总体
8. 抽样框是指(　　)。
   A. 总体　　　　　　　　　　B. 样本
   C. 由总体单位组成的名单或地图　D. 全部抽样单位组成的名单或地图
9. 抽样误差是指(　　)。
   A. 在调查过程中由于观察、测量等差错所引起的误差
   B. 在调查中违反随机原则出现的系统误差
   C. 随机抽样而产生的代表性误差　D. 人为原因所造成的误差
10. 抽样极限误差是(　　)。
    A. 随机误差
    B. 一定可靠程度下抽样误差的最大绝对值
    C. 最小抽样误差　　　　　　D. 最大抽样误差的绝对值
11. 在其他条件相同的情况下,重复抽样的抽样平均误差和不重复抽样的相

比,( )。

A. 前者一定大于后者　　B. 前者一定小于后者
C. 两者相等　　　　　　D. 前者可能大于也可能小于后者

12. 估计误差的可靠性和准确度( )。

A. 是一致的　　　　　　B. 是矛盾的
C. 成正比　　　　　　　D. 成反比

13. 抽样推断的精确度和极限误差的关系是( )。

A. 前者高说明后者小　　B. 前者高说明后者大
C. 前者变化而后者不变　D. 两者没有关系

14. 点估计的优良标准是( )。

A. 无偏性、数量性、一致性　　B. 无偏性、有效性、数量性
C. 有效性、一致性、无偏性　　D. 及时性、有效性、无偏性

15. 在简单随机重复抽样下,欲使抽样平均误差缩小为原来的1/3,则样本容量应( )。

A. 增加8倍　　　　　　B. 增加9倍
C. 增加1.25倍　　　　 D. 增加2.25倍

16. 在简单随机重复抽样下,当误差范围Δ扩大1倍,则抽样单位数( )。

A. 只需原来的1/2　　　B. 只需原来的1/4
C. 只需原来的1倍　　　D. 只需原来的2倍

17. 在500个抽样产品中有95%的一级品,则在简单随机重复抽样下一级品率的抽样平均误差为( )。

A. 0.9747%　　　　　　B. 0.9545%
C. 0.9973%　　　　　　D. 0.6827%

18. 若有多个成数资料可供参考,则确定样本容量或计算抽样平均误差时应该使用( )。

A. 数值最大的那个成数　　B. 数值最小的那个成数
C. 0.5　　　　　　　　　 D. 数值最接近或等于0.5的那个成数

19. 当有多个参数需要估计时,可以计算出多个样品容量n,为满足共同的要求,必要的样本容量一般应是( )。

A. 最小的n值　　　　　B. 最大的n值
C. 中间的n值　　　　　D. 第一个计算出来的n值

20. 反映样本指标与总体指标之间的平均误差程度的指标是( )。

A. 平均数离差　　　　　B. 概率度

C. 抽样平均误差　　　　　　D. 抽样极限误差

二、多项选择题

1. 非全面调查可以是（　　）。
   A. 定期调查　　　　　　B. 不定期调查
   C. 抽样调查　　　　　　D. 重点调查
   E. 典型调查

2. 与全面调查相比,抽样调查的优点有（　　）。
   A. 速度快　　　　　　　B. 费用省
   C. 能够控制抽样估计的误差　D. 适用范围广
   E. 无调查误差

3. 抽样推断适用于（　　）。
   A. 具有破坏性的场合　　B. 时效性要求强的场合
   C. 对大规模总体和无限总体的场合进行调查
   D. 对全面调查的结果进行核查和修正
   E. 不必要进行全面调查,但又需要知道总体的全面情况时

4. 同其他统计调查比,抽样推断的特点是（　　）。
   A. 了解总体的基本情况
   B. 以部分推断总体
   C. 比重点调查更节省人、财、物力
   D. 可以控制抽样误差
   E. 按随机原则抽样

5. 目标总体与被抽样总体相比,（　　）。
   A. 前者是所要认识的对象　B. 后者是抽样所依据的总体
   C. 两者所包含的单位数有时相等,有时不等
   D. 两者所包含的单位数相等
   E. 两者是不同的概念,所包含的单位数不等

6. 重复抽样和不重复抽样相比,（　　）。
   A. 都是随机抽样　　　　B. 二者的可能样本数目不同
   C. 二者都能使总体中每个单位被抽中的机会相等
   D. 总体中每个单位被抽中的机会不全相等
   E. 总体中每个单位进入同一样本的可能次数不等

7. 抽样估计的优良标准主要有（　　）。

A. 无偏性　　B. 一致性　　C. 可靠性　　D. 有效性　　E. 及时性

8. 样本平均数的(　　)。

   A. 分布在大样本下服从或近似服从正态分布
   B. 平均数是总体平均数　　　C. 方差是总体方差
   D. 平均数是随机变量　　　　E. 分布与总体的分布形式相同

9. 影响抽样平均误差的主要因素有(　　)。

   A. 总体的变异程度　　　　B. 样本容量
   C. 抽样方法　　　　　　　D. 抽样组织形式
   E. 估计的可靠性和准确度的要求

10. 计算抽样平均误差时,如果缺少总体方差和总体成数,那么可用的资料有(　　)。

    A. 过去抽样调查得到的相应资料　　B. 小规模调查得到的资料
    C. 样本资料　　　　　　　　　　　D. 过去全面调查得到的资料
    E. 重点调查得到的资料

三、简答题

1. 什么是抽样推断？抽样推断有哪几方面的特点？
2. 什么是抽样误差？影响抽样误差大小的主要因素有哪些？
3. 什么是极限误差？它与概率度有何关系？
4. 抽样平均误差和抽样极限误差有何关系？
5. 影响必要样本容量的因素主要有哪些？

四、计算题

1. 以简单随机抽样方法调查了某地的家庭人数,抽样比例为 8％,样本容量为 80 户。经计算得:样本户均人数为 3.2 人,样本户均人数的标准差为 0.148 人,试就下列两种情况分别估计该地的户均人数和总人数:

   (1) 若给定可靠度为 95.45％。
   (2) 若给定极限误差为 0.296。

2. 某商店对新购进的一批商品实行简单随机抽样检查,抽样后经计算得:该商品的合格率为 98.8％,抽样平均误差为 0.02％,试在如下条件下分别估计该批商品的合格率:

   (1) 若给定可靠度为 68.27％。
   (2) 若给定极限误差为 2％。

3. 某学校进行一次英语测验,为了解学生的考试情况,随机抽选部分学生进行调查,所得资料如下:

考试成绩(分)	60 以下	60—70	70—80	80—90	90—100
学生人数(人)	10	20	22	40	8

试以 95.45% 的可靠性估计该校学生英语考试的平均成绩的范围及该校学生成绩在 80 分以上的学生所占的比重的范围。

4. 从某年级学生中按简单随机抽样方式抽取 40 名学生,对公共政治理论课的考试成绩进行检查,得知其平均分数为 78.75 分,样本标准差为 12.13 分,试以 95.45% 的概率保证程度推断全年级学生考试成绩的区间范围。如果其他条件不变,将允许误差缩小一半,应抽取多少名学生?

5. 为研究某市居民家庭收入状况,按 1% 比例从该市的所有住户中随机抽取 515 户进行调查,结果为:户均收入为 8235 元,每户收入的标准差为 935 元。要求:
(1) 以 99.73% 的置信度估计该市的户均收入。
(2) 如果允许误差减少到原来的 0.5,其他条件不变,则需要抽取多少户?

第四部分　习题答案

一、单项选择题

1. B　2. B　3. D　4. A　5. A　6. D　7. D　8. C
9. B　10. B　11. A　12. B　13. A　14. C　15. A　16. B
17. A　18. D　19. B　20. C

二、多项选择题

1. ABCDE　2. ABCD　3. ABCDE　4. BDE　5. ABC　6. ABDE
7. ABD　8. AB　9. ABCDE　10. ABCD

三、简答题

1. 抽样推断是在抽样调查的基础上,利用样本资料计算样本指标,并根据此推算总体相应数量特征的一种统计分析方法。这种估计和判断要运用一定的数理统计的原理和方法,以保证对总体的认识具有一定可靠程度。抽样推断的特

点主要有:
(1) 抽样推断是由部分资料推算总体数量特征的一种认识方法。
(2) 抽样推断是建立在随机抽样的基础上。
(3) 抽样推断运用概率统计的方法。
(4) 抽样推断的误差可以事先计算并加以控制。

2. 抽样误差是由于随机抽样的偶然性因素作用使得样本结构不足以代表总体,而引起抽样指标和全及指标之间的绝对离差。它的产生可能是由于违反随机抽样的原则而产生的,也可能是由于虽然坚持随机抽样原则,但是由于样本不足而产生的系统性误差。影响抽样误差大小的因素主要有:
(1) 总体各单位标志值的差异程度。
(2) 样本单位数的大小。
(3) 抽样方法的不同。
(4) 抽样调查的组织形式不同。

3. 抽样极限误差是指可以允许样本指标与总体指标之间的最大的误差范围,它等于样本指标可以允许变动的上限或下限与总体指标之差的绝对值。而概率保证程度是在区间估计时总体指标以多大的可能落入一个区间中。一般来说,在其他条件不变的情况下,概率保证程度越高,那么抽样极限误差就越大,反之亦然,两者呈正向关系。

4. 抽样平均误差是反映各个抽样指标与总体指标之间抽样误差的一般水平指标,它与抽样的方法和组织形式有关。而抽样极限误差是指可以允许样本指标与总体指标之间的最大的误差范围。它们都是反映抽样指标与总体指标之间的差异程度,因而具有一定的关系。在其他因素不变情况下,一般来说,两者呈正相关,即抽样平均误差越大,则抽样极限误差也越大,反之亦然。

5. 影响必要样本容量的因素主要有以下几个因素:
(1) 样本容量的大小受到抽样极限误差的影响,两者具有反向的关系。
(2) 样本容量的大小受到总体标准差的影响,两者具有正向的关系。
(3) 样本容量的大小还受到概率保证程度即概率度的影响,两者具有正向关系。
(4) 样本容量的大小还受到抽样的方式和组织形式的影响,一般来说,放回的重复抽样的样本容量在同等条件下要大于无放回的非重复抽样的样本容量。

四、计算题

1. 根据题目已知 $f=0.08$, $n=80$, $\bar{x}=3.2$, $\sigma=0148$。

(1) 若给定可靠度为 95%,则有

$$t = 1.96$$

$$\Delta_{\bar{x}} = t\mu_{\bar{x}} = t\frac{\sigma\sqrt{1-f}}{\sqrt{n}} = 1.96 \times \frac{0.148\sqrt{1-0.08}}{\sqrt{80}} = 0.031$$

$$\bar{x} \in [3.2 - 0.03, 3.2 + 0.03]$$

$$\bar{x} \in [3.17 \times 1000, 3.23 \times 1000]$$

$$X \in [3170, 3230]$$

(2) 若给定极限误差为 0.296,则有

$$\bar{x} \in [3.2 - 0.296, 3.2 + 0.296]$$

$$\bar{x} \in [2.904, 3.496]$$

$$X \in [2.904 \times 1000, 3.496 \times 1000]$$

$$X \in [2904, 3496]$$

2. 根据题目已知 $p = 0.998, \mu_p = 0.002$。

(1) 若给定可靠度为 68.27%,则有

$$t = 1.0$$

$$\Delta_p = t\mu_p = 1.0 \times 0.0002 = 0.0002$$

$$p \in [0.988 - 0.0002, 0.988 + 0.0002]$$

$$p \in [0.9878, 0.9882]$$

(2) 若给定极限误差为 0.02,则有

$$p \in [0.988 - 002, 0.988 + 0.02]$$

$$p \in [0.968, 1]$$

3. (1) 该校学生英语考试的平均成绩的范围:

$$\bar{x} = \frac{\sum xf}{\sum f} = \frac{7660}{100} = 76.6$$

$$\sigma = \sqrt{\frac{\sum(x-\bar{x})^2 f}{f}} = \sqrt{\frac{12944}{100}} = 11.377$$

$$\mu_{\bar{x}} = \frac{\sigma}{\sqrt{n}} = \frac{11.377}{\sqrt{100}} = 1.1377$$

$$\Delta_{\bar{x}} = t\mu_{\bar{x}} = 2 \times 1.1377 = 2.2754$$

该校学生英语考试的平均成绩的区间范围是:

$$\bar{x} - \Delta_{\bar{x}} \leqslant \overline{X} \leqslant \bar{x} + \Delta_{\bar{x}}$$

$$76.6 - 2.2754 \leqslant \overline{X} \leqslant 76.6 + 2.2754$$

$$74.32 \leqslant \overline{X} \leqslant 78.89$$

(2) 该校学生成绩在 80 分以上的学生所占的比重的范围：

$$p = \frac{n_1}{n} = \frac{48}{100} = 48\%$$

$$\mu_p = \sqrt{\frac{p(1-p)}{n}} = \sqrt{\frac{0.48(1-0.48)}{100}} = 0.04996$$

$$\Delta_p = t\mu_p = 2 \times 0.04996 = 0.09992$$

80 分以上学生所占的比重之范围为：$P = p \pm \Delta_p = 0.48 \pm 0.09992$，即

$$0.3801 \leqslant P \leqslant 0.5799$$

在 95.45% 的概率保证程度下，该校学生成绩在 80 分以上的学生所占的比重的范围在 38.01%—57.99% 之间。

4. 根据数目已知 $n=40, x=78.56, \sigma=12.13, t=2$。

(1) $\mu_{\bar{x}} = \frac{\sigma}{\sqrt{n}} = \frac{12.13}{\sqrt{40}} = 1.92, \Delta_{\bar{x}} = t\mu_{\bar{x}} = 2 \times 1.92 = 3.84$。

全年级学生考试成绩的区间范围是 $\bar{x} - \Delta_{\bar{x}} \leqslant \overline{X} \leqslant \bar{x} + \Delta_{\bar{x}}$，即 $78.56 - 3.84 \leqslant \overline{X} \leqslant 78.56 + 3.84$，得到 $74.91 \leqslant \overline{X} \leqslant 82.59$。

(2) 将误差缩小一半，应抽取的学生数为

$$n = \frac{t^2 \sigma^2}{(\Delta_{\bar{x}}/2)^2} = \frac{2^2 \times 12.13^2}{(3.84/2)^2} \approx 160 (人)$$

5. 根据题目已知 $f=0.01, n=515, \bar{x}=8235, \sigma=935$。

(1) 若给定可靠度为 99.73%，则有

$$t = 3$$

$$\Delta_{\bar{x}} = t\mu_{\bar{x}} = t \frac{\sigma \sqrt{1-f}}{\sqrt{n}} = 3 \times \frac{935 \sqrt{1-0.01}}{\sqrt{515}} \approx 122.98$$

$$\bar{x} \in [8235 - 122.98, 8235 + 122.98]$$

$$\bar{x} \in [8112.02, 8357.98]$$

(2) 如果允许误差减少到原来的 0.5，其他条件不变，则需要抽取

$$n = \frac{t^2 \sigma^2}{\Delta_{\bar{x}}^2} = \frac{3^2 \times 935^2}{(122.98 \times 0.5)^2} \approx 2080.92 \approx 2081 (户)$$

第八章 相关和回归分析

第一部分 学习辅导

一、本章学习目的与要求

(1) 了解变量之间关系的概念与分类。
(2) 理解相关关系的概念、分类标准与分类结果。
(3) 掌握相关关系的计算与检验。
(4) 理解线性回归分析的基本概念与分析内容。
(5) 掌握一元线性回归模型参数的估计,并进行检验与应用分析。
(6) 掌握相关分析和回归分析的区别与联系。
(7) 掌握非线性回归模型的线性化方法以及参数估计与应用。

二、本章内容提要

(一) 相关关系的概念与测定

1. 变量之间的关系

可以分为:确定性的函数关系与非确定性的相关关系。

2. 变量之间相关的分类

按相关方向,可分为正相关与负相关;按相关的表现形式,可分为线性相关与非线性相关;按相关关系密切程度,可分为完全相关、不完全相关和完全不相关;按相关关系涉及变量的多少,可分为简单相关与复相关。

3. 相关关系分析的内容与方法

分析内容主要包括测定变量之间相关的方向(正相关与负相关)和程度(相关的大小);方法主要有:相关表(可以测定相关的方向)、相关图(可以测定相关的方向和一定程度上能够反映相关的强弱)、积矩相关系数(既能够反映数值变量之间相关的程度,也能反映相关的方向)、等级相关系数(反映定性变量之间相关程度与相关方向)。

(二) 线性回归分析

1. 回归分析与相关分析的区别与联系

简单地说,相关分析是回归分析的基础,而回归分析是相关分析的深入,具体的内容参见重点、难点解析部分的介绍。

2. 一元线性回归模型参数的估计

主要是使用最小二乘法(OLS)来估计,得到回归模型的参数估计。要注意的是,参数的估计值是样本的函数,样本的变化导致参数估计值也相应地发生变化,所以回归参数的估计量是统计量。

3. 一元线性回归模型的检验

包括回归方程变量之间线性关系的拟合优度检验,以及回归系数的显著性检验。需要注意的是,在一元线性回归模型中,拟合优度检验和斜率项系数的显著性检验是等价的。

4. 一元线性回归模型的预测

预测可以分为点预测和区间预测,也可以分为样本内的验证性预测和样本外的外推预测。

(三) 非线性回归模型的线性化

1. 非线性回归模型的概念与模型的确定

这里非线性模型一般是针对回归模型的参数而言的,也就是回归模型对每个参数求偏导的结果不再含有任何的回归参数,此时就是线性回归模型。

2. 一元非线性回归模型的线性化

非线性回归模型的线性化主要包括直接变换法、间接变换法。需要注意的是,非线性回归模型也可以直接进行估计而不必一定要线性化才能估计,只是因为线性化估计比较方便,而且参数具有一些优良的性质。

3. 一元非线性回归模型的显著性检验

一般是将其线性化以后,对线性化以后的模型使用线性回归模型的检验方法进行检验,包括变量(线性变换之后)之间线性的拟合优度检验以及回归系数的显著性检验。

第二部分 重点、难点释析

相关分析与回归分析在经济现实生活中经常会出现,但初学者对相关分析与回归分析的基本概念与内容以及方法感到难以理解,下面将本章的重点和难点抽出来进行详细讲解,以加深对这些问题的理解。

一、相关关系的概念、度量与特点

1. 概念

相关关系是变量之间的一种不确定的关系,它是相对于函数关系而言的,例如学生的学习成绩与学习时间的长短有一定的关系,但学习时间不是确定学生学习成绩的唯一因素。

2. 度量

对于两个变量之间的线性关系,我们通常使用变量的样本资料来计算它们的相关系数,包括反映定量变量的积矩相关系数 r 和反映定性变量的等级相关系数 r_s,假设现在有 n 组两个变量的观察值 (x_i, y_i),$i=1,2,\cdots,n$,则它们的计算公式分别为

$$r = \frac{\sum_{i=1}^{n}(x_i-\bar{x})(y_i-\bar{y})}{\sqrt{\sum_{i=1}^{n}(x_i-\bar{x})^2 \sum_{i=1}^{n}(y_i-\bar{y})^2}}$$

$$r_s = 1 - \frac{6\sum_{i=1}^{n}d_i^2}{n(n^2-1)}$$

式中,d_i 为变量相同观测对应的等级差。

3. 特点

首先,它们都反映变量之间的不确定关系的程度与方向,数值的正负反映相关的方向,而大小反映了相关的程度;其次,相关系数的取值始终在 -1 与 1 之间;其三,对于两个变量,它们之间的相关系数受样本观测值的影响,在不同的样本数据下,计算的结果可能不同,因而存在着变量之间相关程度的检验问题,只有通过显著性检验的相关系数才能真正说明变量之间具有相关关系;此外,相关关系度量的是变量之间的线性相关程度,如果相关系数为 0,排除的只是变量之间没有线性关系,但变量之间可能存在着某种非线性关系。

第八章 相关和回归分析

二、相关系数检验的缘由与步骤

我们以积矩相关系数为例,说明为什么要对相关系数进行检验,检验的步骤如何。

由于总体的相关系数 ρ 一般是未知的,因此,我们通常的做法是根据变量的样本资料来计算样本相关系数 r 作为总体相关系数 ρ 的估计值。由于样本资料受抽样的影响,对两个变量进行多次抽样而计算的样本相关系数一般是不同的,从而样本相关系数从本质上来看是一个随机变量,所以必须对样本相关系数的可靠性做出检验。由于相关系数 r 的样本分布比较复杂,受 ρ 的影响很大,其检验一般分为 $\rho=0$ 和 $\rho\neq 0$ 两种情况。

1. $\rho=0$ 时

其检验的步骤如下:

(1) 建立假设。原假设是样本是从一个不相关的总体中抽取出来的,即假设为

$$H_0: \rho = 0; \quad H_1: \rho \neq 0$$

(2) 根据样本资料计算得到样本相关系数 r 的值。

(3) 构造检验的统计量:这里使用的统计量为 $t = |r|\sqrt{\dfrac{n-2}{1-r^2}}$,在原假设成立的情况下有 $t \sim t(n-2)$。

(4) 根据给定的显著性水平 α,查 t 分布表,得到临界值 $t_{\alpha/2}(n-2)$。

(5) 给出检验结论:如果有 $t > t_{\alpha/2}(n-2)$,则拒绝原假设,接受备择假设,即两个总体的相关系数不为零,反之亦然。

2. $\rho \neq 0$ 时

提出统计假设为

$$H_0: \rho = r; \quad H_1: \rho \neq r$$

由于相关系数 r 的分布复杂,不能直接利用它去进行统计推断,但如果利用 Fisher 于 1921 年提出的检验方法,先进行 Fisher 变换,即

$$Z_\rho = \frac{1}{2}\ln\left(\frac{1+\rho}{1-\rho}\right), \quad Z_r = \frac{1}{2}\ln\left(\frac{1+r}{1-r}\right)$$

可以证明,当样本 (x, y) 抽自正态分布总体时,Z_r 近似服从平均值为 Z_ρ、方差为 $\dfrac{1}{n-3}$ 的正态分布,于是

$$Z = (Z_r - Z_\rho)\sqrt{n-3}$$

近似服从标准正态分布。给定显著性水平 α,查正态分布表可得 $Z_{\frac{\alpha}{2}}$,当 $|Z|>Z_{\frac{\alpha}{2}}$ 时,接受 H_1,拒绝 H_0;当 $|Z|\leqslant Z_{\frac{\alpha}{2}}$ 时,接受 H_0,拒绝 H_1。

三、相关分析和回归分析的区别与联系

相关分析和回归分析都是用来分析变量之间的关系的,但两者不是等同的,主要区别如下:

(1) 对变量的要求上:相关分析的对象是两个随机变量,而回归分析中有一个是随机变量,称为因变量或被解释变量,还有一个或几个作为解释因变量的解释变量或自变量。

(2) 在变量之间关系上:相关分析中两个随机变量的地位是对等的,而且只能也只要计算一个相关系数即可;而在回归分析中,变量之间的地位是不等的,一个处于被解释位置,另一个或多个处于解释位置。

(3) 在使用条件上:对于任意两个随机变量都可以通过抽取样本资料来计算它们相关系数,但对于回归分析而言,即使两个变量具有很高的相关性,但没有因果关系,仍然不能建立回归模型,否则会出现虚假回归现象,而且随着研究目的的变化,对于同样的两个变量可以建立两个回归模型,如果它们具有双向因果关系的话。

(4) 在分析的手段上:相关分析主要通过相关图、相关表和相关系数来衡量变量之间的相关程度和相关方向,但无法反映一个变量的变动对另一个变量影响的具体程度;而回归分析是通过构建模型,当模型通过检验以后,就可以利用模型来分析变量之间的变动方向和程度。

当然,相关分析和回归分析也不是毫不相干的,它们也有一定的联系,这种联系集中体现在:相关分析是回归分析的基础,而回归分析则是相关分析的延续与深化。

特别地,对于一元线性回归分析,样本相关系数与回归系数具有一定的转化关系,在检验上也有一定的关系。

四、最小二乘法是如何实现一元线性回归模型参数估计的

假设一元线性回归分析模型如下:

$$y_i = \beta_0 + \beta_1 x_i + \varepsilon_i, \quad i=1,2,\cdots,n$$

最小二乘法要求找到这样一组回归系数的估计值 b_0, b_1,使得随机扰动项的估计值,即残差 $\hat{\varepsilon}_i = y_i - b_0 - b_1 x_i, \quad i=1,2,\cdots,n$ 的平方和达到最小,即有

(见图 8.1):

$$Q(b_0, b_1) = \min \sum_{i=1}^{n} \hat{\varepsilon}_i^2 = \min \sum_{i=1}^{n} (y_i - b_0 - b_1 x_i)^2$$

则 $Q(b_0, b_1)$ 是关于参数 b_0, b_1 的二元函数。

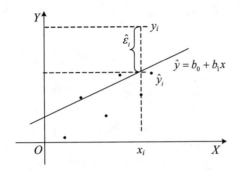

图 8.1 参数最小二乘法估计的示意图

由高等数学知识可知,要使 $Q(b_0, b_1)$ 达最小,需 $Q(b_0, b_1)$ 关于参数 b_0, b_1 的一阶偏导数为零,即

$$\frac{\partial Q}{\partial b_0} = -2 \sum_{i=1}^{n} [y_i - (b_0 + b_1 x_i)] = 0$$

$$\frac{\partial Q}{\partial b_1} = -2 \sum_{i=1}^{n} x_i [y_i - (b_0 + b_1 x_i)] = 0$$

经整理得下列方程组:

$$\begin{cases} \sum_{i=1}^{n} y_i = n b_0 + b_1 \sum_{i=1}^{n} x_i \\ \sum_{i=1}^{n} x_i y_i = b_0 \sum_{i=1}^{n} x_i + b_1 \sum_{i=1}^{n} x_i^2 \end{cases}$$

通过求解得参数 β_0, β_1 的估计值为

$$\begin{cases} b_1 = \dfrac{\sum_{i=1}^{n}(x_i - \bar{x})(y_i - \bar{y})}{\sum_{i=1}^{n}(x_i - \bar{x})^2} \\ b_0 = \bar{y} - b_1 \bar{x} \end{cases}$$

五、相关系数、回归系数、判定系数之间的关系

试说明两个变量的样本相关系数 r、一元线性回归模型回归系数 β_1 的估计值 b_1 和判定系数 R^2 的关系。

假设考察两个变量为 x,y，现抽取一组样本观察值 (x_i,y_i)，$i=1,2,\cdots,n$，则样本相关系数的计算公式为

$$r = \frac{\sum\limits_{i=1}^{n}(x_i-\overline{x})(y_i-\overline{y})}{\sqrt{\sum\limits_{i=1}^{n}(x_i-\overline{x})^2 \sum\limits_{i=1}^{n}(y_i-\overline{y})^2}} = \frac{L_{xy}}{\sqrt{L_{xx}L_{yy}}}$$

如果建立以 x 为解释变量、y 为被解释变量的线性回归模型，则回归系数 β_1 的估计值 b_1 为

$$b_1 = \frac{\sum\limits_{i=1}^{n}(x_i-\overline{x})(y_i-\overline{y})}{\sum\limits_{i=1}^{n}(x_i-\overline{x})^2} = \frac{L_{xy}}{L_{xx}}$$

回归模型的判定系数为

$$R^2 = b_1 \frac{\sum\limits_{i=1}^{n}(x_i-\overline{x})(y_i-\overline{y})}{\sum\limits_{i=1}^{n}(y_i-\overline{y})^2} = \frac{L_{xy}^2}{L_{xx}L_{yy}}$$

其中，$L_{xy}=\sum\limits_{i=1}^{n}(x_i-\overline{x})(y_i-\overline{y})$，$L_{xx}=\sum\limits_{i=1}^{n}(x_i-\overline{x})^2$，$L_{yy}=\sum\limits_{i=1}^{n}(y_i-\overline{y})^2$。显然有下列关系式：

$$b_1 = r\sqrt{\frac{L_{yy}}{L_{xx}}}, \quad R^2 = r^2, \quad R^2 = b_1 \frac{L_{xy}}{L_{yy}}$$

从而三者具有一定的转换关系。另外，在检验上，相关系数检验使用 t 检验，回归系数 β 的显著性检验也使用 t 检验，判定系数 R^2 检验使用 F 检验，但是由于有 $F(1,n)=t^2(n)$，所以三者在检验上也是等价的，只要有一个通过检验，那么另外两个也通过检验。

六、回归系数的显著性检验及检验步骤

我们以一元线性回归模型回归系数的 t 检验为例，说明为什么要进行回归系数的显著性检验，检验的步骤如何。

对于一元线性回归模型而言,当模型被建立以后,在满足一定的假设的前提下,就可以通过抽取一组数据,使用最小二乘法进行估计,从而得到回归系数的一组估计值。显然如果换一个样本,就会得到另一组回归系数的估计值,一般来说,它不等于前一组回归系数的估计值,从而出现回归系数的估计值能否代表回归系数的真实值的问题。而另一方面,虽然计算的估计值在数值上明显不等于零,但是实际的回归系数可能为零,所以这些问题的存在,就必须要对回归系数进行显著性检验。一般的回归系数检验的步骤如下:

(1) 提出假设:$H_0:\beta_1=0, H_1:\beta_1\neq 0$。

(2) 选择合适的检验统计量:这里使用 $|t|=\left|\dfrac{b_1}{se(b_1)}\right|\sim t(n-2)$,其中,$se(b_1)$ 表示 b_1 的标准误差。

(3) 计算原假设成立时检验统计量的值 $|t|=\left|\dfrac{b_1}{se(b_1)}\right|$。

(4) 对于给定的显著性水平 α,查 t 分布表得到临界值 $t_{\alpha/2}(n-2)$。

(5) 给出检验的结论:若有 $|t|>t_{\alpha/2}(n-2)$,则拒绝原假设而接受备择假设,即回归系数 β_1 在显著性水平 α 下与零有显著差异,反之亦然。

第三部分 习 题

一、单项选择题

1. 对于单位产品成本与其产量的相关;单位产品成本与单位产品原材料消耗量的相关,( )。
   A. 前者是正相关,后者是负相关　　B. 前者是负相关,后者是正相关
   C. 两者都是正相关　　　　　　　　D. 两者都是负相关

2. 样本相关系数 r 的取值范围是( )。
   A. $-\infty<r<+\infty$　　　　　　B. $-1\leqslant r\leqslant 1$
   C. $-1<r<1$　　　　　　　　　　D. $0\leqslant r\leqslant 1$

3. 当所有观测值都落在回归直线 $y=\beta_0+\beta_1 x$ 上时,x 与 y 之间的相关系数( )。
   A. $r=0$　　B. $r=1$　　C. $r=-1$　　D. $|r|=1$

4. 相关分析与回归分析,在是否需要确定自变量和因变量的问题上,( )。
   A. 前者无需确定,后者需要确定　　B. 前者需要确定,后者无需确定

C. 两者均需确定　　　　　　D. 两者都无需确定

5. 当直线相关系数的绝对值接近于 1 时,说明两变量相关关系的密切程度是(　　)。

　　A. 完全相关　　B. 微弱相关　　C. 无线性相关　　D. 高度相关

6. 年劳动生产率 x(千元)和工人工资 y(元)之间的回归方程为 $y=10+70x$,这意味着年劳动生产率每提高 1000 元时,工人工资平均(　　)。

　　A. 增加 70 元　　B. 减少 70 元　　C. 增加 80 元　　D. 减少 80 元

7. 下面的几个式子中,错误的是(　　)。

　　A. $y=-40-1.6x$，$r=0.89$　　B. $y=-5-3.8x$，$r=-0.94$

　　C. $y=36-2.4x$，$r=-0.96$　　D. $y=-36+3.8x$，$r=0.98$

8. 下列关系中,属于正相关关系的有(　　)。

　　A. 在合理限度内,施肥量和平均单产量之间的关系

　　B. 产品产量与单位产品成本之间的关系

　　C. 商品的流通费用与销售利润之间的关系

　　D. 流通费用率与商品销售量之间的关系

9. 直线相关分析与直线回归分析的联系表现为(　　)。

　　A. 相关分析是回归分析的基础

　　B. 回归分析是相关分析的基础

　　C. 相关分析是回归分析的深入

　　D. 相关分析与回归分析互为条件

10. 进行相关分析时,要求相关的两个变量(　　)。

　　A. 都是随机的　　　　　　B. 都不是随机的

　　C. 一个是随机的,一个不是随机的　D. 随机或不随机都可以

11. 相关关系的主要特征是(　　)。

　　A. 某一现象的标志与另外的标志之间存在着确定的依存关系

　　B. 某一现象的标志与另外的标志之间存在着一定的关系,但它们不是确定的关系

　　C. 某一现象的标志与另外的标志之间存在着严重的依存关系

　　D. 某一现象的标志与另外的标志之间存在着函数关系

12. 相关分析是研究(　　)。

　　A. 变量之间的数量关系　　　B. 变量之间的变动关系

　　C. 变量之间相互关系的密切程度　D. 变量之间的因果关系

13. 现象之间相互依存关系的程度越低,则相关系数(　　)。

第八章 相关和回归分析

A. 越接近于 0　　　　　　　　B. 越接近于 -1
C. 越接近于 1　　　　　　　　D. 越接近于 0.5

14. 在回归直线 $y=\beta_0+\beta_1 x$ 中,若 $\beta_1<0$,则 x 与 y 之间的相关系数(　　)。

　A. $r=0$　　B. $r=1$　　C. $0<r<1$　　D. $-1<r<0$

15. 当相关系数 $r=0$ 时,表明(　　)。

　A. 现象之间完全无关　　　　B. 相关程度较小
　C. 现象之间完全相关　　　　D. 无直线相关关系

16. 已知 x 与 y 两变量间存在线性相关关系,且 $\sigma_x=10, \sigma_y=8, \sigma_{xy}^2=-7, n=100$,则 x 与 y 之间存在着(　　)。

　A. 较密切的正相关　　　　　B. 较低度的正相关
　C. 较密切的负相关　　　　　D. 低度负相关

17. 计算估计标准误差的依据是(　　)。

　A. 因变量的数列　　　　　　B. 因变量的总变差
　C. 因变量的回归变差　　　　D. 因变量的剩余变差

18. 两个变量间的相关关系称为(　　)。

　A. 单相关　　B. 复相关　　C. 无相关　　D. 负相关

19. 从变量之间相关的方向看,可分为(　　)。

　A. 正相关与负相关　　　　　B. 直线相关和曲线相关
　C. 单相关与复相关　　　　　D. 完全相关和无相关

20. 从变量之间相关的表现形式看,可分为(　　)。

　A. 正相关与负相关　　　　　B. 直线相关和曲线相关
　C. 单相关与复相关　　　　　D. 完全相关和无相关

21. 物价上涨,销售量下降,则物价与销售量之间属(　　)。

　A. 无相关　　B. 负相关　　C. 正相关　　D. 无法判断

22. 估计标准误差是反映(　　)。

　A. 平均数的代表性指标　　　B. 相关关系的指标
　C. 回归直线的代表性指标　　D. 序时平均数的代表性指标

23. 回归直线和相关系数的符号是一致的,其符号均可用来判断的现象是(　　)。

　A. 正相关还是负相关　　　　B. 线性相关还是非线性相关
　D. 单相关还是复相关　　　　C. 完全相关还是不完全相关

24. 某高校经济管理类的学生学习"统计学"的时间 x 与考试成绩 y 之间建立线性回归方程 $y=\beta_0+\beta_1 x$。经计算,方程为 $y=20-0.8x$,该方程参数的

175

计算( )。

    A. β_0 值是明显不对的   B. β_1 值是明显不对的

    C. β_0 值和 β_1 值都是不对的   D. β_0 值和 β_1 值都是正确的

25. 在回归分析中,自变量同因变量地位不同,在变量 x 与 y 中,y 依 x 回归同 x 依 y 回归是( )。

    A. 同一个问题

    B. 有联系但意义不同的问题

    C. 一般情况下是相同的问题

    D. 是否相同,视两相关变量的具体内容而定

二、多项选择题

1. 下列现象中属于相关关系的有( )。

    A. 压力与压强   B. 现代化水平与劳动生产率

    C. 圆的半径与圆的面积   D. 身高与体重

    E. 机械化程度与农业人口

2. 相关关系与函数关系各有不同特点,主要体现在( )。

    A. 相关关系是一种不严格的互相依存关系

    B. 函数关系可以用一个数学表达式精确表达

    C. 函数关系中各现象均为确定性现象

    D. 相关关系是现象之间具有随机因素影响的依存关系

    E. 相关关系中现象之间仍可以通过大量观察法来寻求其变化规律

3. 销售额与流通费用率在一定的条件下存在相关关系,这种相关关系属于( )。

    A. 正相关   B. 单相关   C. 负相关   D. 复相关   E. 完全相关

4. 在直线相关和回归分析中( )。

    A. 据同一资料,相关系数只能计算一个

    B. 据同一资料,相关系数可以计算两个

    C. 据同一资料,回归方程只能配合一个

    D. 据同一资料,回归方程随自变量与因变量的确定不同,可能配合两个

    E. 回归方程和相关系数均与自变量和因变量的确定无关

5. 相关系数 r 的数值( )。

    A. 可为正值   B. 可为负值   C. 可大于1

    D. 可等于-1   E. 可等于1

6. 相关系数 $r=0.9$,这表明现象之间存在着( )。
   A. 高度相关关系　　B. 低度相关关系　　C. 低度负相关关系
   D. 高度正相关关系　E. 低度正相关关系

7. 配合直线回归方程是为了( )。
   A. 确定两个变量之间的变动关系　　B. 用因变量推算自变量
   C. 用自变量推算因变量　　　　　　D. 两个变量相互推算
   E. 确定两个变量间的相关程度

8. 在直线回归分析中,确定直线回归方程的两个变量必须是( )。
   A. 一个自变量,一个因变量　　　　B. 均为随机变量
   C. 对等关系　　　D. 一个是随机变量,一个是可控制变量
   E. 不对等关系

9. 直线相关分析的特点有( )。
   A. 两个变量是对等关系
   B. 只能算出一个相关系数
   C. 相关系数有正负号,表示正相关或负相关
   D. 相关的两个变量必须都是随机的
   E. 回归方程有两个

10. 从变量之间相互关系的表现形式看,相关关系可分为( )。
    A. 正相关　　　B. 负相关　　　C. 直线相关
    D. 曲线相关　　E. 不相关和完全相关

11. 直线相关分析与直线回归分析的区别在于( )。
    A. 相关的两个变量都是随机的,而回归分析中自变量是给定的数值,因变量是随机的
    B. 回归分析中的两个变量都是随机的,而相关中的自变量是给定的数值,因变量是随机的
    C. 相关系数有正负号,而回归系数只能取正值
    D. 相关的两个变量是对等关系,而回归分析中的两个变量不是对等关系
    E. 相关分析中根据两个变量只能计算出一个相关系数,而回归分析中根据两个变量只能配合一个回归方程

12. 确定直线回归方程必须满足的条件是( )。
    A. 现象之间存在着直接因果关系
    B. 现象之间存在着较密切的直线相关关系

C. 相关系数必须等于1

D. 两变量必须均属于随机变量

E. 相关数列的项数必须有相应的数量

13. 下列哪些关系是相关关系？（　　）

 A. 圆的半径长度和周长的关系

 B. 农作物收获和施肥量的关系

 C. 商品销售额和利润率的关系

 D. 产品产量与单位成品成本的关系

 E. 家庭收入多少与消费支出增长的关系

14. 在直线回归方程 $y=\beta_0+\beta_1 x$ 中，β_1 称为回归系数，回归系数的作用是(　　)。

 A. 可确定两变量之间因果的数量关系

 B. 可确定两变量的相关方向

 C. 可确定两变量相关的密切程度

 D. 可确定因变量的实际值与估计值的变异程度

 E. 可确定当自变量增加一个单位时，因变量的平均增加量

15. 相关系数与回归系数之间的关系为(　　)。

 A. 回归系数大于零，则相关系数大于零

 B. 回归系数小于零，则相关系数小于零

 C. 回归系数大于零，则相关系数小于零

 D. 回归系数小于零，则相关系数大于零

 E. 回归系数等于零，则相关系数等于零

三、简答题

1. 什么是相关关系？相关关系有什么特点？如何度量？
2. 简述相关关系的种类。
3. 相关分析的主要内容包括哪些？
4. 试给出测定变量相关关系的常用方法。
5. 简述积矩相关系数检验的步骤。
6. 简述相关分析和回归分析的区别与联系。
7. 什么是估计标准误差？它有什么作用？
8. 以一元线性回归方程为例，简述回归系数显著性检验的主要步骤。
9. 简述非线性线性化的常用方法。

10. 一元线性回归中两变量的样本相关系数、回归系数斜率项的估计值和回归模型的判定系数的关系如何?

四、计算题

1. 某地 2002—2013 年人均收入和耐用消费品销售额资料如下:

年份	人均收入 x(万元)	耐用消费品销售额 y(万元)
2002	3.0	80
2003	3.2	82
2004	3.4	85
2005	3.5	90
2006	3.8	100
2007	4.0	120
2008	4.5	140
2009	5.2	145
2010	5.3	160
2011	5.5	180
2012	5.7	208
2013	5.9	219

要求:

(1) 根据以上简单相关表的资料,绘制相关散点图,并判别相关关系的表现形式和方向。

(2) 试以耐用消费品销售额为因变量、人均收入为自变量作回归分析(包括相关的检验)。

2. 某地区 32 年中的个人储蓄(Y)及个人收入(X)资料如下表所示:

储蓄	收入	储蓄	收入	储蓄	收入
264	8777	898	16730	2017	27430
105	9210	950	17663	2105	29560
90	9954	779	18575	1600	28150
131	10508	819	19535	2250	32100
122	10979	1222	21163	2420	32500
107	11912	1702	22880	2570	35250
406	12747	1578	24127	1720	33500
503	13499	1654	25604	1900	36000

续上表

储蓄	收入	储蓄	收入	储蓄	收入
431	14269	1400	26500	2100	36200
588	15522	1829	27670	2300	38200
898	16730	2200	28300		

利用给定的资料,建立一元线性回归模型进行回归分析。

3. 考察某年度各地区全体居民消费水平(X)和私人汽车拥有量(Y)之间的关系,数据如下:

地区	全体居民消费水平(元)	私人汽车拥有量(万辆)
北京	16770	176.2399
天津	10564	54.8244
河北	4945	163.8807
山西	4843	73.5838
内蒙古	5800	56.8228
辽宁	6929	75.0316
吉林	5710	42.4618
黑龙江	5141	51.6923
上海	20944	50.94
江苏	8302	148.3746
浙江	11161	172.4083
安徽	4441	44.4169
福建	7826	56.9852
江西	4173	23.3659
山东	7025	199.2396
河南	4632	105.5887
湖北	5533	52.366
湖南	5498	58.8333
广东	10829	303.2534

续上表

地区	全体居民消费水平(元)	私人汽车拥有量(万辆)
广西	4330	36.0253
海南	4736	9.7546
重庆	5417	27.9265
四川	4501	127.8573
贵州	3499	31.9743
云南	4075	77.7798
西藏	2915	5.4399
陕西	3972	46.3269
甘肃	3810	14.895
青海	4229	6.3964
宁夏	5112	9.5347
新疆	4206	29.0966

(1) 以全体居民消费水平为自变量、私人汽车拥有量为因变量,试用最小二乘法确定回归方程,并就各地区全体居民消费水平和私人汽车拥有量计算估计量和残差。

(2) 对方程的拟合情况进行诊断并解释各参数经济意义。(显著性水平取 0.05)。

4. 以下是某年度各地区城镇居民平均年全部可支配收入和食品支出,分析两者之间的关系,建立半对数线形模型,作出残差图。

(单位:元)

地区	食品支出	可支配收入	地区	食品支出	可支配收入
北京	3522.69	13882.62	四川	2240.65	7041.87
天津	2963.85	10312.91	贵州	1968.22	6569.23
河北	1912.42	7239.06	云南	2506.62	7643.57
山西	1712.13	7005.03	西藏	3542.89	8765.45
内蒙古	1705.56	7012.9	陕西	1960.29	6806.35

续上表

地区	食品支出	可支配收入	地区	食品支出	可支配收入
辽宁	2394.98	7240.58	湖北	2279.64	7321.98
吉林	1957.92	7005.17	湖南	2179.4	7674.2
黑龙江	1783.95	6678.9	广东	3583.72	12380.43
上海	4102.65	14867.49	广西	2305.98	7785.04
江苏	2566.89	9262.46	海南	2463.03	7259.25
浙江	3558.41	13179.53	重庆	2702.34	8093.67
安徽	2238.91	6778.03	甘肃	6657.24	1908.1
福建	3104.8	9999.54	青海	6745.32	1986.54
江西	1979.83	6901.42	宁夏	6530.48	1919.42
山东	2051.3	8399.91	新疆	7173.54	1987.42
河南	1662.3	6926.12			

5. 某企业某种产品产量与单位成本资料如下：

月 份	1	2	3	4	5	6
产量(千件)	2	3	4	3	4	5
单位成本(元/件)	73	72	71	73	69	68

要求：

(1) 计算相关系数，说明相关程度。

(2) 确定单位成本对产量的直线回归方程，指出产量每增加 1000 件时，单位成本平均下降多少元？

(3) 如果单位成本为 70 元时，产量应为多少？

(4) 计算估计标准误差。

第四部分　习　题　答　案

一、单项选择题

1. B　2. B　3. D　4. A　5. D　6. A　7. A　8. A

第八章 相关和回归分析

9. A   10. A   11. B   12. C   13. A   14. D   15. D   16. D
17. D   18. A   19. A   20. B   21. B   22. C   23. A   24. B
25. B

二、多项选择题

1. BDE   2. ABCDE   3. BC   4. AD   5. ABDE   6. AD
7. AC   8. ADE   9. ABCD   10. CD   11. AD   12. ABE
13. BCDE   14. ABE   15. ABE

三、简答题

1. (1) 概念：相关关系是变量之间的一种不确定的关系，它是相对于函数关系而言的，例如，学生的学习成绩与学习时间的长短有一定的关系，但学习时间并不唯一确定学生的学习成绩。

(2) 特点：首先，它们都反映变量之间的不确定关系的程度与方向，数值的正负反映相关的方向，而大小反映了相关的程度；其次，相关系数的取值始终在 -1 与 1 之间；其三，对于两个变量，它们之间的相关系数受样本观测值的影响，在不同的样本数据下，计算的结果可能不同。因而存在着变量之间相关程度的检验问题，只有通过显著性检验的相关系数才能真正说明变量之间具有相关关系。此外，相关关系度量的是变量之间的线性相关程度，如果相关系数为 0，排除的只是变量之间没有线性关系，但变量之间可能存在着某种非线性关系。

(3) 度量：对于两个变量之间的线性关系通常使用变量的样本资料来计算相关系数，包括反映定量变量的积矩相关系数 r 和反映定性变量的等级相关系数 r_s，假设我们有 n 组两个变量的观察值 $(x_i, y_i), i=1,2,\cdots,n$，则它们的计算公式分别为

$$r = \frac{\sum_{i=1}^{n}(x_i - \bar{x})(y_i - \bar{y})}{\sqrt{\sum_{i=1}^{n}(x_i - \bar{x})^2 \sum_{i=1}^{n}(y_i - \bar{y})^2}}$$

$$r_s = 1 - \frac{6\sum_{i=1}^{n}d_i^2}{n(n^2 - 1)}$$

式中，d_i 为变量相同观测对应的等级差。

2. 相关关系的分类因分类的标准不同而有不同的分类结果：

(1) 从相关的方向上,可以分为正相关和负相关。
(2) 从相关的形式上,可以分为直线相关和曲线相关。
(3) 从包含的变量的个数上,可以分为简单相关和复相关。
(4) 从相关的程度上,可以分为完全相关、完全不相关和不完全相关。

3. 相关分析的主要内容包括两个方面:测定变量相关分析的方向和相关程度。一般首先采用定性分析的方法对变量之间是否具有相关关系进行判断,如果它们具有相关关系,再采用一些分析手段来进行分析,如相关表、相关图、相关系数等。

4. 测定相关关系的主要方法有:相关表和相关图,这两种方法具有直观简便的特点,能够反映出两个变量的相关方向,也能在一定程度上反映相关的程度。相关系数法,常用的相关有变量之间的积矩相关系数和等级相关系数,其中,积矩相关系数主要适用于定距和定比变量,而等级相关系数主要用于有序变量,相关系数的大小反映变量之间的相关程度,而正负反映了相关的方向。

5. 积矩相关系数检验的步骤如下:
(1) 建立假设。假设样本是从一个不相关的总体中抽取出来的,即假设为
$$H_0: \rho = 0, \quad H_1: \rho \neq 0$$
(2) 根据样本资料计算样本相关系数 r。
(3) 构造检验的统计量,这里使用的统计量为 $t = |r|\sqrt{\dfrac{n-2}{1-r^2}}$,在原假设成立的情况下有 $t \sim t(n-2)$。
(4) 根据给定的显著性水平 α,查 t 分布表,得到临界值 $t_{\alpha/2}(n-2)$。
(5) 给出检验结论:如果有 $t > t_{\alpha/2}(n-2)$,则拒绝原假设,接受备择假设,即两个总体的相关系数不为零,反之亦然。

6. 相关分析和回归分析都是用来分析变量之间的关系的,但两者不是等同的,主要区别如下:
(1) 在对变量的要求上,相关分析的对象是两个随机变量,而回归分析有一个随机变量,称为因变量或被解释变量,还有一个或几个作为解释因变量的解释变量。
(2) 在变量之间关系上,相关分析中两个随机变量的地位是对等的,而且只要计算一个相关系数即可;而回归分析中,变量的地位是不等的,一个处于解释位置,另一个处于被解释位置。
(3) 在使用条件上,对于任意两个随机变量都可以通过抽样来计算它们的相关系数,但对于回归分析而言,即使两个变量具有很高的相关性,但没有因果关系,仍然不能建立回归模型,否则会出现伪回归现象,而且随着研究目的的变化,对于同样的两个变量可以建立两个回归模型,如果它们具有双向因果关系的话。

(4) 在分析的手段上,相关分析主要通过相关图、相关表和相关系数来衡量变量之间的相关程度和相关方向,但无法反映一个变量的变动对另一个变量影响的具体程度;而回归分析是通过构建模型,当模型通过检验以后,就可以利用模型来分析变量之间的变动关系。

当然,相关分析和回归分析也有联系,这种联系集中体现在:相关分析是回归分析的基础,而回归分析是相关分析的延续与深化。特别地,对于一元线性回归分析,样本相关系数与回归系数具有一定的转化关系。

7. 估计标准误差是检验回归方程的拟合优度、测定因变量 y 的实际观测值和估计值离差一般水平的分析指标,在一元线性回归分析中,估计的标准误差的计算公式为

$$s_y = \sqrt{\frac{\sum_{i=1}^{n}(y_i - \hat{y}_i)^2}{n-2}}$$

其中,$\hat{y}_i = a + bx_i$ 为估计值。从表达式可以看出,它是直接从实际观测值偏离回归直线的整体情况来衡量回归方程的拟合程度的,估计标准误差越小,则回归直线的拟合程度就越高,从而使用这样的回归方程来预测,效果就越好,反之亦然。

8. 对于一元线性回归模型而言,一般的回归系数检验的步骤如下:

(1) 提出假设。$H_0: \beta_1 = 0, H_1: \beta_1 \neq 0$。

(2) 选择合适的检验统计量。这里使用 $t = \dfrac{b_1}{\text{se}(b_1)} \sim t(n-2)$,其中,$\text{se}(b_1)$ 表示 b_1 的标准误差。

(3) 计算检验统计量的值 $|t| = \left|\dfrac{b_1}{\text{se}(b_1)}\right|$。

(4) 对于给定的显著性水平 α,查表得到临界值 $t_{\alpha/2}(n-2)$。

(5) 给出检验的结论:若有 $|t| > t_{\alpha/2}(n-2)$,则拒绝原假设而接受备择假设,即回归系数 β_1 在显著性水平 α 下与零有显著差异,反之亦然。

9. 实际现象中遇到的变量之间的关系往往呈现出非线性关系,所以线性回归模型的分析方法不能直接用于非线性回归模型中,因而需要对非线性模型进行线性化,当然也可以对非线性模型直接进行回归分析,不过这个过程比较复杂,而实际中遇到的非线性模型可以通过变化得到线性模型,常用的方法有:

(1) 直接变化法。这种方法直接使用新变量替代原来的变量,使非线性模型转化为线性模型,例如,以下的非线性模型:

$$y = \beta_0 + \beta_1 \frac{1}{x} + \varepsilon, \quad y = \beta_0 \ln x + \varepsilon, \quad \ln y = \beta_0 + \beta_1 \ln x + \varepsilon$$

这类模型的特点是,模型本身对回归系数是线性的,而对模型的变量是非线性的,所以可以使用新变量代替,得到线性模型,回归系数一般在变化前后保持一致,例如上述三个模型可以分别令 $x^* = \frac{1}{x}, x^* = \ln x, y^* = \ln y$,从而模型分别变为

$$y = \beta_0 + \beta_1 x^* + \varepsilon, \quad y = \beta_0 + \beta_1 x^* + \varepsilon, \quad y^* = \beta_0 + \beta_1 x^* + \varepsilon$$

(2) 间接变化法。这种方法通常要对原模型的变量进行数据变化,例如取对数等。然后再使用直接变换的方法,同时在这个过程中往往还要对回归系数进行替换,例如下列模型:

$$y = \beta_0 x^{\beta_1} e^{\varepsilon}, \quad y = \beta_0 \beta_1^x e^{\varepsilon}$$

对于上述的两个模型,首先取对数得到:

$$\ln y = \ln \beta_0 + \beta_1 \ln x + \varepsilon, \quad \ln y = \ln \beta_0 + \ln \beta_1 x + \varepsilon$$

分别令 $y^* = \ln y, \beta_0^* = \ln \beta_0, x^* = \ln x, \beta_1^* = \ln \beta_1$,则可以得到线性模型为

$$y^* = \beta_0^* + \beta_1 x^* + \varepsilon, \quad y^* = \beta_0^* + \beta_1^* x + \varepsilon$$

当使用最小二乘法估计出参数以后,再反变换得到原始的参数的估计值,上述例子就有:

$$\beta_0 = e^{\beta_0^*}, \quad \beta_1 = e^{\beta_1^*}$$

这种变换的特点是:模型对参数不是线性的,在实施变换时,变量和参数都要同时进行替换。

10. 假设考察两个变量为 x, y,现在抽取一组样本观察值 $(x_i, y_i), i=1, 2, \cdots, n$,则样本相关系数的计算公式为

$$r = \frac{\sum_{i=1}^{n}(x_i - \overline{x})(y_i - \overline{y})}{\sqrt{\sum_{i=1}^{n}(x_i - \overline{x})^2 \sum_{i=1}^{n}(y_i - \overline{y})^2}} = \frac{L_{xy}}{\sqrt{L_{xx} L_{yy}}}$$

如果建立以 x 为解释变量、y 为被解释变量的线性回归模型,则回归系数 β_1 的估计值 b_1 为

$$b_1 = \frac{\sum_{i=1}^{n}(x_i - \overline{x})(y_i - \overline{y})}{\sum_{i=1}^{n}(x_i - \overline{x})^2} = \frac{L_{xy}}{L_{xx}}$$

回归模型的判定系数为

$$R^2 = b_1 \frac{\sum_{i=1}^{n}(x_i - \overline{x})(y_i - \overline{y})}{\sum_{i=1}^{n}(y_i - \overline{y})^2} = \frac{L_{xy}^2}{L_{xx}L_{yy}}$$

其中，$L_{xy} = \sum_{i=1}^{n}(x_i - \overline{x})(y_i - \overline{y})$，$L_{xx} = \sum_{i=1}^{n}(x_i - \overline{x})^2$，$L_{yy} = \sum_{i=1}^{n}(y_i - \overline{y})^2$。显然有下列关系式：

$$b_1 = r\sqrt{\frac{L_{yy}}{L_{xx}}}, \quad R^2 = r^2, \quad R^2 = b_1 \frac{L_{xy}}{L_{yy}}$$

从而三者具有一定的转换关系；另外在检验上，相关系数检验使用 t 检验，回归系数 β_1 的显著性也使用 t 检验，判定系数 R^2 检验使用 F 检验，但由于有 $F(1,n) = t^2(n)$，所以三者在检验上也是等价的，只要有一个通过检验，那么另外两个也通过检验。

四、计算题

1. 利用 Excel 绘制人均收入和耐用消费品销售额的散点图如图 8.2 所示。

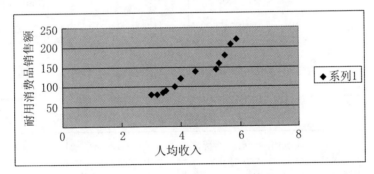

图 8.2　人均收入与耐用消费品销售额的散点图

由图 8.2 可以知道，两者具有较强的线性关系，且相关的方向为正向关系；再通过 Excel 作两者的回归分析，得到的结果如下：

方差分析表

	df	SS	MS	F	Significance F
回归分析	1	25391.42	25391.42	161.9866	1.67658E-07
残差	10	1567.501	156.7501		
总计	11	26958.92			

参数估计表

	Coefficients	标准误差	t Stat	P-value
Intercept	−66.2897	16.15297	−4.10387	0.002131
X Variable 1	45.36747	3.564552	12.7274	1.68E-07

其中,上面第一个表为方差分析表,检验概率表示回归方程线性拟合非常好,通过了 F 检验;第二个表为参数估计表,根据表中的结果可以得到回归方程为

$$y = -66.2897 + 45.36747x$$

表中的最后一列是参数检验的检验概率,检验结果表明回归系数是高度显著非零,通过检验。

2. 建立以收入为自变量 X、储蓄为因变量 Y,利用 Excel 得到的回归结果如下:

方差分析表

	df	SS	MS	F	Significance F
回归分析	1	18547573	18547573	310.6814	2.23908E-17
残差	30	1790990	59699.66		
总计	31	20338563			

参数估计表

	Coefficients	标准误差	t Stat	P-value
Intercept	−637.673	114.915	−5.54909	4.94E-06
X Variable 1	0.084389	0.004788	17.62616	2.24E-17

方差分析表表明,回归方程的线性拟合程度很好,检验概率高度显著;由参数估计表得到的回归方程为

$$y = -637.673 + 0.084389x$$

表中最后一列的检验概率说明回归系数通过显著性检验,回归方程拟合非常好。

3. (1) 通过 Excel 计算得到的结果如下:

第八章 相关和回归分析

方差分析表

	df	SS	MS	F	Significance F
回归分析	1	25178.01	25178.01	6.243408	0.018381
残差	29	116949.3	4032.736		
总计	30	142127.4			

参数估计表

	Coefficients	标准误差	t Stat	P-value
Intercept	27.42593	22.28671	1.230596	0.228363
全体居民消费水平(元)	0.007347	0.00294	2.498681	0.018381

方差分析表的检验概率表明回归方程通过 F 检验,回归方程线性关系成立。由参数估计表得到的回归方程为

$$y = 27.42593 + 0.007347x$$

使用上述的回归,结果得到消费支出的估计量值如下

观测值	预测 Y	残差	标准残差
1	150.6342	25.60574	0.410109
2	105.039	−50.2146	−0.80425
3	63.75656	100.1241	1.603617
4	63.00717	10.57663	0.169398
5	70.0382	−13.2154	−0.21166
6	78.3329	−3.3013	−0.05287
7	69.37697	−26.9152	−0.43108
8	65.19656	−13.5043	−0.21629
9	181.3003	−130.36	−2.08789
10	88.42025	59.95435	0.960246
11	109.4252	62.98314	1.008756
12	60.0537	−15.6368	−0.25044

续上表

观测值	预测 Y	残差	标准残差
13	84.9231	−27.9379	−0.44746
14	58.08472	−34.7188	−0.55607
15	79.0382	120.2014	1.92518
16	61.45697	44.13173	0.706826
17	68.07657	−15.7106	−0.25162
18	67.81942	−8.98612	−0.14392
19	106.986	196.2674	3.143475
20	59.23819	−23.2129	−0.37178
21	62.22105	−52.4665	−0.84032
22	67.22432	−39.2978	−0.62941
23	60.49452	67.36278	1.078901
24	53.13288	−21.1586	−0.33888
25	57.36472	20.41508	0.326974
26	48.84227	−43.4024	−0.69514
27	56.60799	−10.2811	−0.16466
28	55.41778	−40.5228	−0.64902
29	58.49615	−52.0998	−0.83444
30	64.9835	−55.4488	−0.88808
31	58.32717	−29.2306	−0.46817

参数检验表明，在 95% 的置信水平下，截距项没有通过检验，而斜率项系数通过检验。各个参数的经济意义描述为：截距项表示基本私人汽车拥有量，斜率项表明收入每增加 1 元，私人汽车拥有量将增加 0.007437 万辆。

4. 根据题目的要求建立回归模型，由参数估计的结果得到回归方程如下：
$$\log y = -0.3406 + 0.949567 \log x$$
方差分析表的 F 检验表明回归方程线性成立，参数检验表明截距项系数没有通过检验，而斜率项通过检验。

方差分析表

	df	SS	MS	F	Significance F
回归分析	1	0.283564	0.283564	110.9803	1.9981E-11
残差	29	0.074097	0.002555		
总计	30	0.357662			

参数估计表

	Coefficients	标准误差	t Stat	P-value
Intercept	−0.3406	0.352175	−0.96712	0.341479
X Variable 1	0.949567	0.090137	10.53472	2E-11

利用 Excel 得到残差图如图 8.3 所示。

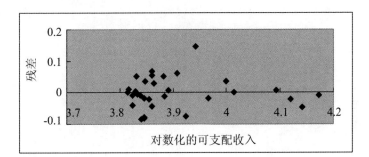

图 8.3 对数化的可支配收入与回归残差图

5. （1）利用 Excel 得到两者的相关系数为 −0.90909。

（2）利用 Excel 得到的回归结果如下表：

方差分析表

	df	SS	MS	F	Significance F
回归分析	1	18.18182	18.18182	19.04762	0.012021037
残差	4	3.818182	0.954545		
总计	5	22			

参数估计表

	Coefficients	标准误差	t Stat	P-value
Intercept	77.36364	1.511663	51.17784	8.72E-07
X Variable 1	−1.81818	0.416598	−4.36436	0.012021

$$y=77.36364-1.81818x$$

检验结果表明:无论是回归方程的线性检验还是回归系数的显著性检验都通过了。由回归方程得到产量每增加1000件,单位平均成本平均降低1.81818元。

(3) 以 $x=70$ 代入回归方程,得到平均成本为 $70=77.36364-1.81818x$ $\Rightarrow x=4.05$ 千件。

(4) 通过Excel计算得到回归标准误差为0.977。

第九章 统计综合分析与统计分析报告

第一部分 学习辅导

一、本章学习目的与要求

(1) 理解统计综合分析研究活动及其特征。
(2) 了解结构差异的显著性比较。
(3) 重点掌握统计综合评价的步骤,包括:建立完整的评价指标体系;指标的同度量处理;重要性权数的确定;综合评价指标的合成等。
(4) 掌握统计分析报告的撰写方法。

二、本章内容提要

(一) 统计综合分析的意义

所谓统计综合分析,是指根据分析研究的目的,在科学的理论指导下,以客观统计资料为依据,结合具体实际情况,运用定性分析与定量分析相结合的方法,对社会经济现象总体进行系统的分析研究的一种研究活动。

统计综合分析的特征之一就是应用统计方法。统计方法是以总体现象的数量关系为对象的一类特殊科学研究方法的总称,从应用的角度可分为经验方法和数理统计方法。

从数量入手,结合情况分析是统计综合分析的又一个重要特征。统计综合分析的实质就是一种以统计资料为主要依据的定量分析。

多种方法的结合运用是统计综合分析的另一特征。一种统计分析方法只能对社会经济现象总体某一个侧面进行研究,探讨现象的一种关系,必须综合运用多种分析方法,以达到从多个方面对社会经济现象的全面认识。

（二）统计综合分析的一般步骤

主要有以下几个步骤：

（1）选题。选题是从客观存在的现实和大量的统计资料中选择出所要研究和反映的对象，确定研究目的和范围，规划主题思想和基本内容。一般应考虑以下原则：第一，价值性原则；第二，可行性原则。

（2）拟定分析提纲，建立分析指标体系。主要是根据分析目的建立综合分析指标体系，使分析对象具体化。设计统计指标体系时，应遵循科学性和实用性原则。

（3）搜集、鉴别与整理资料。

（4）进行分析，撰写统计综合分析报告。

统计综合分析就是利用诸如分组法、因素法、指数法、动态分析法、抽样法等统计特有的分析方法，对现象的各个方面进行系统的、全面的研究，并在分析的基础上进行综合考虑，提出解决问题的建议。而统计综合分析报告是在对统计资料和有关情况进行研究的基础上，用简洁明确的文字对研究过程、结果及其建议进行叙述，从而说明客观现实的一种文章。

（三）统计比较

1. 统计比较的概念

所谓统计比较，就是将统计指标所反映现象的实际规模水平与有关标准（时间标准或空间标准）进行比较对照，计算出数量上的差别和变化，并在此基础上做出评价和判断。

2. 统计比较的种类

统计比较按其比较的时间状况不同可分为静态比较和动态比较。静态比较也叫横向比较，是指同一时间条件下不同总体间的数量比较。动态比较也叫纵向比较，是指同一统计指标在不同时间上的比较，它反映所研究现象在时间上的发展变化趋势。

统计比较按其比较的方式不同可分为相对比较和相差比较。相对比较就是用相除的方式，以说明相对增长或下降的程度。相差比较就是用相减的方式，以说明比较指标与比较标准之间的绝对差额。

统计比较按说明对象的范围不同可分为单项比较和综合比较。单项比较是指对现象的某一方面或某一局部进行比较。综合比较是指对整个现象用多个指标进行全面的评价与比较。

3. 结构差异的显著性比较

结构差异的显著性比较是比较方法应用的重要方面。它旨在通过现象结构的变化，反映总体内部各要素之间以及各要素与总体之间关系的总和。一般地借助于统计假设检验方法对其进行研究。

统计假设检验方法应用于对结构问题的研究，其特点在于：它能够根据人们对显著性的要求来说明我们所研究的结构变化是否显著，以及有多大的把握认为是显著的。用 χ^2 检验。

第一步，建立假设。

第二步，给定显著性水平 α，查 χ^2 分布表得出其临界值。

第三步，计算 χ^2 统计量。

公式为：

$$\chi^2 = \sum (I_{1i} - I_{0i})^2 / I_{0i}$$

其中，I_{0i} 表示基期第 i 个项目比重数；I_{1i} 表示报告期第 i 个项目比重数。

第四步，进行比较判别，得出结论。

由于 $\chi^2 > \chi^2_{\alpha, k-1}$，因此，拒绝 H_0，接受 H_1。

（四）统计综合评价的特点与步骤

1. 统计综合评价的意义

所谓统计综合评价，则是指利用社会经济现象总体的指标体系，结合各种资料，构建综合评价模型，通过数量的比较、计算，求得综合评价值，对被评对象做出明确的评判和排序的一种统计分析方法。进行统计综合评价，其目的在于通过将反映现象不同方面的指标值加以综合，获得对现象整体性的认识，进而对不同地区或单位之间的综合评价结构进行比较和排序。

与传统的简单比较方法相比，综合评价具有以下主要特点：

（1）评价过程不是一个指标一个指标顺次完成的，而是通过一些特殊的方法将多个指标的评价同时完成的。因此具有综合性的特点。

（2）它不同于对每一个评价指标一律平等看待的传统评价过程，在综合评价过程中，一般要根据指标在其评价体系的重要性赋予不同的权数，然后进行加权处理。因此具有科学性。

（3）最终的评价结果不再是具有具体经济含义的统计指标，而是以指数或分值的形式表示参评单位综合状况的排序。因此其评价结论也更具明晰性。

2. 统计综合评价的步骤

统计综合评价一般包括以下几个步骤：

(1) 根据评价的目的，选择评价指标，建立完整的评价指标体系。这是统计综合评价的基础和依据。一般可以通过定性或定量的方法进行选择，有系统聚类法。

(2) 搜集数据资料，进行同度量处理，以消除量纲的影响。由于评价指标是从不同角度反映现象的，所以具有不同的量纲。需要经过处理来统一量纲。

(3) 根据指标在评价体系中的重要性，确定各指标的权数。由于各评价指标在评价体系中具有不同重要程度，需要采用科学的计量方法确定其权数，以保证评价结论的可靠性。

(4) 对经过处理后的指标值进行汇总，计算综合评价指数或分值。根据综合评价指数或分值对参评单位进行排序。

（五）统计综合评价指标体系的建立

1. 建立指标体系的原则

首先，要注意指标体系的全面性和系统性。全面性是指指标的选择应尽可能从不同的角度反映分析对象的全貌。系统性是指进入指标体系的各个单独指标之间要形成一定的内在联系，要求各指标间相互钩稽的关系有明确的经济内涵，具有相互验证的逻辑关系。

其次，要保持评价指标体系的简洁性。虽然我们强调评价指标的全面性，但并不是要求进入评价体系的指标越多越好。因此，在设计指标体系时要力求简洁。

其三，要注意指标的敏感性和可行性。敏感性是指选取的指标应能比较敏感地反映分析对象的变化。可行性是指设置的指标不仅理论上是合理的，而且在资料的取得上也应该是可行的。

2. 统计综合评价指标的选择方法

系统聚类法选择指标的基本思路是：如果有两个指标的作用完全相同，那么与只用其中的一个指标是没有区别的，因此在指标体系容量有限的条件下，就应该尽量减少相似程度较大的指标。具体做法为：

第一步，选择度量指标间相似程度的方法——相关系数法。即根据历史资料计算两两指标间的相关系数 r_{ij}，并把它们用相关系数矩阵 R 表示。

第二步，选择度量指标间距离的方法——最短距离法。可以利用相关系数将其变换为距离，以便保持距离越小则关系越密切的含义。

第三步，根据聚类结果绘制聚类图。

第九章 统计综合分析与统计分析报告

第四步,根据聚类图确定评价指标。在确定了指标的归类后,需要在类指标中选择一个指标作为代表性评价指标。

(六)确定统一量纲的方法

常用的处理方法有函数化、相对化和标准化三种。

1. 函数化处理方法

函数化方法也称功效系数法。其主要特点是以 60 分为基本分,利用特定的公式将每一个指标的实际值转化为采用百分制表示的数值。其步骤如下:

第一步,确定每一个评价指标的阈值,即上限值(完全满意值)x_{hi} 和下限值(不允许值)x_{si}。上限值和下限值可根据实际情况来确定。

第二步,用函数化的计算公式计算评价指标的得分。其公式为:

$$d_i = \frac{x_i - x_{si}}{x_{hi} - x_{si}} \times 40 + 60, \quad (i = 1, 2, \cdots, n, \text{表示指标的序号})$$

式中,x_i 为第 i 个指标的实际值;d_i 为第 i 个指标的功效系数分值。

2. 相对化处理方法

其主要特点是给评价指标确定一个比较标准值,然后将各评价指标的实际值 x_i 与标准值 x_m 对比,得出统一量纲。

在计算时还要将"正指标"和"逆指标"区别对待。计算公式为:

正指标 $\qquad\qquad\qquad x_i' = x_i / x_m$

逆指标 $\qquad\qquad\qquad x_i' = x_m / x_i$

3. 标准化处理方法

标准化是在设定各评价指标值服从正态分布的前提下,将指标值转化为数学期望值为 0、均方差为 1 的标准化数值。具体步骤为:

第一步,求出每一评价指标的平均数 $\bar{x}$ 和均方差 σ_i。

第二步,进行标准化处理。其公式为:

正指标 $\qquad\qquad\qquad x_{ij}' = (x_{ij} - \bar{x}_i)/\sigma_i$

逆指标 $\qquad\qquad\qquad x_{ij}' = (\bar{x}_i - x_{ij})/\sigma_i$

(七)指标重要性权数的确定

指标在评价中的重要性的确定主要从以下几个方面进行综合判别:

第一,指标的综合性。即该评价指标所包含的信息量。一个指标的综合性强,包含的信息量多,对综合评价所起的作用就大,应赋予较大的权数。

第二,指标的敏感性。所谓敏感性是指该指标变动对其他指标变动的影响力。对敏感性较强的指标应给予较大的权数。

第三,指标的独立性。在评价过程中,多数指标在评价指标体系中都会反映出相互重复的信息。如果一个指标的独立性越强,在评价中的作用也就越重要,应赋予较大的权数。

比率标度法也称两两比较法。它是由专家对各指标的重要性程度进行比较后,两两打分得出判断矩阵,再进行归一化处理,最后取得各指标的权数。其具体步骤为:

第一步,确定指标重要性的量化标准。常用的有 1—5 标度、1—9 标度等几种。若指标 i 与 j 比较,得出标度为 b_{ij},则指标 j 与 i 的比较标度应为 $1/b_{ij}$。

第二步,专家对指标的重要性进行两两判别。常用的方法为德尔菲法。

第三步,对权数进行归一化处理。

首先计算判断矩阵每一行各标度乘积的 n 次方根 W_i,再进行归一化处理,计算各指标的相对量权数。

(八) 综合评价指标合成方法

1. 直接综合法

直接综合法是在不知道指标重要性权数或权数大致相等的情况下,直接将经过同度量处理的指标值经简单加总,形成一个综合值,再按照综合值的大小排出各参评单位的位次,从而达到对其进行综合评价分析的方法。

2. 加权平均综合法

加权平均综合法是采用加权算术平均法或加权几何平均法对已经同度量处理过的资料进行加权平均求得综合值的方法。

3. 综合记分法

综合记分法是指将指标值转换为分值,然后综合分值进行评价的方法。记分的方法多种多样,有三档、五档、七档等记分法。它的特点是通过设定不同的区间来消除各种随机因素的影响,从而使评价结果更接近于现实。

4. 距离法

上面三种方法仅限于那些有比较明确变动方向的指标,也即指标值越高越好或越小越好。但在现实经济生活中,人们希望指标并不是单方向变动,而是以中心值为标准,上下波动在一定范围内均有同等效果。这种状况就会使得前面几种方法难以综合评价,而距离法则可以解决此类问题。其步骤如下:

第一步,确定评价体系中各指标的标准值和权数。

第二步,进行相对化处理。
第三步,用距离法公式求各参评单位的综合值。公式为:

$$S_j = \sqrt{\sum (1-x'_{ij})^2 \cdot W_i}$$

其中,i 表示指标序号,j 表示参评单位序号;x' 表示经过相对化处理后的指标值。

(九) 统计分析报告

一项完整的统计综合分析活动总是包含着两个相互关联的过程。一是研究过程,即运用统计方法对反映分析对象数量特征的资料进行判断和推理,并由此得出结论的过程;另一是叙述过程,即将研究过程的内容进行文字上的加工,撰写统计综合分析报告的过程。统计综合分析报告要求做到:

(1) 统计综合分析报告必须以数字语言为主,结合实际情况进行综合分析。

(2) 统计综合分析报告必须具有简明的表达方式和结构。

统计综合分析报告的结构主要由题目和内容等部分组成,且一定要突出其简明扼要的特点。

第二部分 重点、难点释析

一、统计综合评价的现实性

传统的评价方法是通过反映总体某一方面特征的单个指标,与有关标准(时间标准或空间标准)进行比较对照,计算出数量上的差别和变化,并在此基础上做出评价和判断。它存在一定的局限性:

(1) 在进行评价时,各指标的变动方向和变动程度不一致的现象,会出现相互矛盾的现象。

(2) 只限于少数单位的评价,对于多单位多指标的评价,会造成极其混乱的情况。

与传统的简单比较方法相比,综合评价具有以下主要特点:

(1) 评价过程不是一个指标一个指标顺次完成的,而是通过一些特殊的方法将多个指标的评价同时完成的。

(2) 在综合评价过程中,一般要根据指标在其评价体系中的重要性赋予不同的权数,然后进行加权处理。

(3) 最终的评价结果不再是具有具体经济含义的统计指标,而是以指数或分值的形式表示参评单位综合状况的排序。

统计综合评价的这些特点,可以避免一般比较方法的局限性,使多个指标对多个单位进行全面准确的评价成为可能。

二、统计综合评价的四个步骤

(1) 根据评价的目的,选择评价指标,建立完整的评价指标体系。一般采用系统聚类法。系统聚类法选择指标的基本思路是:如果有两个指标的作用完全相同,那么与只用其中的一个指标是没有区别的,因此在指标体系容量有限的条件下,就应该尽量减少相似程度较大的指标。用最短距离法。

(2) 搜集数据资料,进行同度量处理,以消除量纲的影响。常用的处理方法有函数化、相对化和标准化三种。

1. 函数化处理方法

函数化方法也称功效系数法。其主要特点是以 60 分为基本分,利用特定的公式将每一个指标的实际值转化为采用百分制表示的数值。其公式为

$$d_i = \frac{x_i - x_{si}}{x_{hi} - x_{si}} \times 40 + 60$$

式中,x_i 为第 i 个指标的实际值;d_i 为第 i 个指标的功效系数分值;x_{hi} 为完全满意值;x_{si} 为不允许值。

2. 相对化处理方法

其主要特点是给评价指标确定一个比较标准值,然后将各评价指标的实际值 x_i 与标准值 x_m 对比,得出统一量纲。

在计算时还要将"正指标"和"逆指标"区别对待。计算公式为:

正指标 $\qquad\qquad\qquad x'_i = x_i / x_m$

逆指标 $\qquad\qquad\qquad x'_i = x_m / x_i$

3. 标准化处理方法

标准化是指在设定各评价指标值服从正态分布的前提下,将指标值转化为数学期望值为 0、均方差为 1 的标准化数值。具体步骤为:

第一步,求出每一评价指标的平均数 $\bar{x}_i$ 和均方差 σ_i。

第二步,进行标准化处理。其公式为:

正指标 $\qquad\qquad\qquad x'_{ij} = (x_{ij} - \bar{x}_i) / \sigma_i$

逆指标 $\qquad\qquad\qquad x'_{ij} = (\bar{x}_i - x_{ij}) / \sigma_i$

(3) 根据指标在评价体系中的重要性,确定各指标的权数。在综合评价中,各个指标所起的作用不同,对综合值的贡献份额也有很大差异,因此,为了评价的

客观性,通常需要对不同的指标赋予不同的权数,以体现各指标重要性差异。确定指标重要性权数的方法主要有比率标度法等。

(4) 计算综合评价指数或分值。根据综合评价指数或分值对参评单位进行排序。对数据进行合成的方法很多,主要有四种方法:直接综合法、加权平均法、综合记分法和距离综合法。

三、连环替代法

连环替代法是指逐个替换因素,计算几个相互联系的因素对统计指标变动影响程度的一种因素分析法。常用的连环替代法是假定各因素顺次地发生变动。因而采用连环对比的计算程序。即是:

(1) 按照统计指标和影响其变动的各因素之间的相互关系列成分析计算式。

(2) 以基数为计算的基础,即在统计指标的分析计算式中所有因素都按基数计算。

(3) 按分析计算式中所列因素的同一顺序,用各个因素的实际数依次替换其基数;每次替换后实际数就被保留下来。有几个因素就替换几次,直到所有因素都变成实际数为止。每次替换后,都按分析计算式规定的数字计算求出新的结果。

(4) 将每次替换所得的结果与前一次计算的结果相比较,两者的差额就是某一因素对统计指标的影响程度。

(5) 计算各个因素的影响数额的代数和。这个代数和应等于统计指标的实际数与基数之间的总差异数。

【例9.1】 设某厂全员劳动生产率资料如下:

	计量单位	符号	2012年	2013年	%
全员劳动生产率	元		50000	55000	110
工人占全部职工比重	%	a	50	49	98
平均每人制度工作时间	工时	b	2295	2295	100
工时利用率	%	c	84	81	96.43
生产定额完成率	%	d	1.2	1.3	108.33
每一定额工时产值	元	e	43.23	46.45	107.45

试用连环替代法确定该厂全员劳动生产率增加值。

解析： 全员劳动生产率增加

$55000 - 50000 = 5000(元)$

$a_0 b_0 c_0 d_0 e_0 = 0.5 \times 2295 \times 0.84 \times 1.2 \times 43.23 = 50000(元)$

$a_1 b_0 c_0 d_0 e_0 = 0.49 \times 2295 \times 0.84 \times 1.2 \times 43.23 = 49003(元)$

$a_1 b_1 c_0 d_0 e_0 = 0.49 \times 2295 \times 0.84 \times 1.2 \times 43.23 = 49003(元)$

$a_1 b_1 c_1 d_0 e_0 = 0.49 \times 2295 \times 0.81 \times 1.2 \times 43.23 = 47253(元)$

$a_1 b_1 c_1 d_1 e_0 = 0.49 \times 2295 \times 0.81 \times 1.3 \times 43.23 = 51191(元)$

$a_1 b_1 c_1 d_1 e_1 = 0.49 \times 2295 \times 0.81 \times 1.3 \times 46.25 = 55000(元)$

(1) 由于工人占全部职工比重变动影响全员劳动生产率：

$$49003 - 50000 = -997(元)$$

(2) 由于平均每人制度工时变动影响全员劳动生产率：

$$49003 - 49003 = 0$$

(3) 由于工时利用率变动影响全员劳动生产率：

$$47253 - 49003 = -1757(元)$$

(4) 由于定额完成率变动影响全员劳动生产率：

$$51191 - 47253 = 3938(元)$$

(5) 由于每一定额工时产值变动影响全员劳动生产率：

$$55000 - 51191 = 3809(元)$$

(6) 以上五个因素综合影响：

$$-997 + 0 + (-1750) + 3893 + 3809 = 5000(元)$$

由此可以看出，该厂全员劳动生产率增加 5000 元，主要是由于定额完成率（工人生产效率）提高而增加 3938 元，每一定额工时产值增大而增加 3809 元。工人占职工人数的比重和工时利用率比上年下降影响全员劳动生产率分别减少 997 元和 1750 元，从而影响了生产的进一步发展，应进一步分析原因。此外，每一定额工时产值的变化对企业劳动生产率的提高和产值的增长起了一定的作用，也应作进一步分析。究竟是由于多生产了价格高的产品，还是扩大了协作关系所致呢？通过分析，找出有利因素和不利因素，发扬积极因素，克服消极因素，总结经验，进一步加强生产经营管理。

第九章 统计综合分析与统计分析报告

第三部分 习　　题

一、单项选择题

1. 对事物在一定时间、地点、条件下的规模、速度及关系分析叫做（　　）。
   A. 规律分析　　　B. 前景分析　　　C. 状态分析　　　D. 数学分析
2. 在进行统计分析时，指标的设计要有利于资料的取得，这是指统计指标的（　　）。
   A. 可行性　　　B. 全面性　　　C. 系统性　　　D. 敏感性
3. 一个指标能否被选在统计分析指标中，最关键的是指标是否具有（　　）。
   A. 科学性　　　B. 全面性　　　C. 敏感性　　　D. 实用性
4. 将指标体系中各个指标分别选择评价标准逐一进行评价的过程是（　　）。
   A. 简单评价　　　B. 综合评价　　　C. 差异评价　　　D. 统计评价
5. χ^2 检验方法是一种非参数检验方法，其样本统计量为（　　）。
   A. $\chi^2 = \sum \dfrac{(I_{1i} - I_{0i})^2}{I_{1i}}$　　　　B. $\chi^2 = \sum \dfrac{(I_{1i} - I_{0i})^2}{I_{0i}}$
   C. $\chi^2 = \sum \dfrac{(I_{1i} - I_{0i})}{I_{0i}}$　　　　D. $\chi^2 = \sum \dfrac{(I_{1i} - I_{0I})}{I_{1i}}$
6. 对多个参评单位利用多个指标进行评价时，常用的评价方法是（　　）。
   A. 简单评价方法　　　　　　B. 综合评价方法
   C. 差异评价方法　　　　　　D. 多总体均值的显著性检验方法
7. 对于综合评价方法的综合性而言，科学性的关键是（　　）。
   A. 权数的确定　　　　　　B. 数据的同度量处理
   C. 指标的选择　　　　　　D. 计算综合指数
8. 通过判断指标之间的亲疏程度来筛选指标的方法叫（　　）。
   A. 主成分分析法　　　　　　B. 聚类分析法
   C. 综合分析法　　　　　　D. 差异评价方法
9. 在综合评价中，一般规定各指标权数之和等于1，统计上称（　　）。
   A. 归一化处理　　　　　　B. 标准化处理
   C. 相对化处理　　　　　　D. 函数化处理
10. 标准化处理是在假定各变量服从正态分布的前提下，将变量值转化为数学期望为( )、方差为( )的标准数值,从而达到同度量的方法。

    A. 0,1   B. 1,1   C. 100,100   D. 1,0

11. 在聚类分析法中,如果指标体系容量有限,那么在此条件下应该尽量做到( )。

    A. 增加相似程度较大的指标   B. 减少相似程度较大的指标
    C. 保持指标间相同的量纲   D. 赋予各指标不同的权数

12. 在对资产负债率这样的逆指标进行函数化处理时,其功效系数的计算公式为( )。

    A. $d_i = \dfrac{x_i - x_{si}}{x_{hi} - x_{si}} \times 60 + 40$ B. $d_i = 60 - \dfrac{x_i - x_{si}}{x_{hi} - x_{si}} \times 40$

    C. $d_i = \dfrac{x_{hi} - x_i}{x_{hi} - x_{si}} \times 40 + 60$ D. $d_i = \dfrac{x_i - x_{si}}{x_{hi} - x_{si}} \times 40 + 60$

13. 对于在一定范围内变化才较为理想的"适度"指标,进行综合评价时,一般采用( )。

    A. 直接综合法   B. 加权平均综合法
    C. 综合记分法   D. 距离法

二、多项选择题

1. 统计分析选题应遵循的原则是( )。

    A. 实事求是   B. 具有实用价值   C. 是否陈旧
    D. 是否可行   E. 具有社会价值

2. 统计分析的特点是( )。

    A. 以统计数据为基础
    B. 应用经验方法和数理统计方法
    C. 定量分析与定性分析相结合
    D. 统计分析的对象具有综合性
    E. 统计分析的方法具有特殊性

3. 国家统计局发布的每一年度《国民经济与社会发展统计公报》是( )。

    A. 宏观经济分析   B. 中观经济分析   C. 微观经济分析
    D. 综合统计分析   E. 专题统计分析

4. 统计评价中,选择合适的评价标准是一个十分关键的内容,一般地,评价标准有( )。

    A. 时间标准   B. 空间标准   C. 计划标准

D. 经验标准　　　　　　E. 理论标准
5. 与简单评价相比,综合评价的特点是(　　)。
　　A. 评价过程是一个指标一个指标顺次完成的
　　B. 通过一些特殊的方法将多个指标的评价同时完成
　　C. 在综合评价过程中,一般要根据指标在其评价体系的重要性赋予不同的权数,然后进行加权处理
　　D. 最终的评价结果不再是具有具体经济含义的统计指标
　　E. 是以指数或分值的形式表示参评单位综合状况的排序
6. 在综合评价中,常用的消除量纲的方法有(　　)。
　　A. 比率化处理　　　B. 相对化处理　　　C. 函数化处理
　　D. 标准化处理　　　E. 指数化处理
7. 在综合评价中,常用的权数确定的方法有(　　)。
　　A. 德尔菲法　　　　B. 指标比较法　　　C. 加权平均法
　　D. 比率标度法　　　E. 聚类分析法
8. 对综合评价数据进行合成的方法很多,主要有(　　)。
　　A. 直接综合法　　　B. 加权平均法　　　C. 综合记分法
　　D. 距离综合法　　　E. 专家判定法
9. 统计综合评价有各种各样不同的评价方法,都需要按照一定的程序进行运作,一般包括(　　)。
　　A. 选择评价指标,建立完整的评价指标体系
　　B. 对数据进行同度量处理
　　C. 确定各指标的重要性权数
　　D. 计算综合评价指数或分值
　　E. 对参评单位进行排序
10. 我们在利用同一指标体系进行综合评价时,其结果不是绝对的,这是因为(　　)。
　　A. 不同的指标体系可能出现排序结果不同
　　B. 不同的消除量纲的方法可能出现排序结果不同
　　C. 不同的指标合成的方法可能出现排序结果不同
　　D. 不同的赋权可能出现排序结果不同
　　E. 不同的研究方法可能出现排序结果不同

三、简答题

1. 简要说明统计分析的作用。
2. 为什么要应用综合评价方法?
3. 简述指标选取的主要原则。
4. 按顺序列出统计综合评价的基本步骤。
5. 如何判别指标权数的重要性?
6. 在统计分析报告中,如何做到材料和观点的辩证统一?

四、计算题

1. 对我国改革开放的最初几年,农村居民生活是否得到了显著变化进行研究。下表我们选取了1984年农村居民各项生活消费支出占全部消费支出的比重与改革开放前的1978年进行比较。

生活消费支出项目	占全部生活费支出比重(%)		
	1978年	1984年	差额
食 品	67.7	59.0	−8.7
衣 着	12.7	10.4	−2.3
燃 料	7.1	5.5	−1.6
住 房	3.2	11.7	8.5
日用品及其他	6.6	11.0	4.4
文化生活服务	2.7	2.4	−0.3

资料来源:中国统计年鉴[M].北京:中国统计出版社,1985.

试用 χ^2 统计量检验我国改革开放的最初几年农村居民生活是否得到了显著变化。

2. 下表用七个指标描述了我国某时期各地区大中型工业企业的主要经济效益。现用这七个指标组成指标体系对该时期我国各地区大中型工业企业经济效益进行综合评价。

第九章 统计综合分析与统计分析报告

地区 单位	工业增加值率 (%)	总资产贡献率 (%)	资产负债率 (%)	流动资产周转次数 (次/年)	成本费用利润率 (%)	全员劳动生产率 (元/(人·年))	产品销售率 (%)
全国	31.61	9.10	57.86	1.53	6.31	65164	98.45
北京	23.30	6.69	54.75	1.56	3.88	79856	98.90
天津	27.93	7.53	56.58	1.57	6.77	87356	99.17
河北	35.72	7.88	63.45	1.51	4.77	47056	99.04
山西	37.73	5.01	61.69	0.95	3.42	29434	98.51
内蒙	36.63	5.55	57.75	1.30	2.07	38976	98.36
辽宁	28.31	6.49	56.98	1.40	3.64	58613	97.87
吉林	30.43	8.15	61.80	1.39	5.13	52572	97.51
黑龙	55.16	20.23	57.69	1.51	32.22	79702	98.38
上海	29.34	8.73	43.84	1.50	7.25	142187	99.33
江苏	26.43	9.11	58.55	1.84	4.37	73051	98.01
浙江	27.11	11.95	52.92	1.84	7.40	77639	98.08
安徽	33.50	8.50	59.34	1.44	4.27	44695	99.06
福建	29.45	8.63	59.96	1.87	5.03	80622	97.21
江西	30.56	6.23	64.83	1.19	1.27	37799	98.35
山东	32.96	10.95	59.16	1.94	7.20	61388	98.45
河南	33.35	7.06	64.71	1.28	2.96	35970	98.52
湖北	33.49	7.87	59.68	1.33	5.45	57234	98.19
湖南	36.47	10.03	65.79	1.28	3.85	52898	99.42
广东	27.95	10.38	54.36	1.78	6.67	123163	98.45
广西	33.19	8.56	65.74	1.39	5.40	48738	97.60
海南	26.73	7.67	59.60	1.26	4.10	66446	96.63
重庆	29.54	6.89	61.10	1.12	2.81	45086	98.70
四川	35.65	6.97	62.23	1.16	4.64	48431	98.87
贵州	35.97	7.85	59.80	0.87	4.98	38885	98.64

续上表

地区单位	工业增加值率（％）	总资产贡献率（％）	资产负债率（％）	流动资产周转次数（次/年）	成本费用利润率（％）	全员劳动生产率（元/(人·年))	产品销售率（％）
云南	53.50	17.62	51.68	1.26	11.62	110254	98.48
西藏	57.85	12.80	27.76	0.84	32.80	116400	88.67
陕西	34.87	7.54	65.75	1.11	6.16	43598	98.54
甘肃	31.54	5.10	65.86	1.12	0.24	42318	97.96
青海	40.33	5.06	72.29	0.79	4.44	72751	95.79
宁夏	30.34	5.56	59.39	1.07	2.37	37682	97.60
新疆	45.88	12.18	57.76	1.64	15.75	122291	100.34

要求：(1) 对上述的资料进行相对化处理(以全国的经济效益指标为标准值)，当七个指标的权数分别为 0.15,0.2,0.13,0.13,0.14,0.1,0.15 时，对各地区大中型工业企业经济效益进行综合评价。

(2) 对上述的资料进行标准化处理，用简单综合法对各地区大中型工业企业经济效益进行综合评价。

第四部分　习题答案

一、单项选择题

1. C　2. A　3. D　4. A　5. B　6. B　7. C　8. B　9. A　10. A　11. B　12. D　13. D

二、多项选择题

1. ABDE　2. ABCDE　3. AD　4. ABCDE　5. BCDE　6. BCD　7. ABD　8. ABCD　9. ABCDE　10. BCD

三、简答题

1. 首先，统计分析是认识客观世界的重要工具。实践证明统计分析不仅在自然现象，而且在社会经济现象方面对了解和掌握这些现象的情况、规律都起着

第九章 统计综合分析与统计分析报告

重要的作用。

其次,从统计的特点看,从数量上、总体上对客观事物进行认识,既可以使认识更加清晰明确,又可以避免以偏概全,使认识较为全面和正确,另一方面,只有对客观现象总体的数量方面进行研究,才能获得规律性的认识。

第三,统计分析是发挥统计整体功能,提高统计工作地位的重要手段。统计分析把数据、情况、问题、建议等融为一体,既有定量分析,又有定性分析。不仅比一般统计数据更集中、更系统、更清楚地反映客观实际,而且便于阅读、理解和利用,因而是发挥统计的信息、咨询、监督整体功能的主要手段,与此同时,也可以提高统计工作的社会地位。

第四,统计分析是社会了解统计的重要窗口,通过统计分析既向各级党政领导和社会各界传递了统计信息,也使他们增进了对统计工作的了解,进而认识统计工作的重要性。

2. 传统的评价方法是通过反映总体某一方面特征的单个指标,与有关标准(时间标准或空间标准)进行比较对照,计算出数量上的差别和变化,并在此基础上做出评价和判断。它存在一定的局限性:

(1) 在进行评价时,各指标的变动方向和变动程度不一致的现象,会出现相互矛盾的现象。

(2) 只限于少数单位的评价,对于多单位多指标的评价,会造成极其混乱的情况。

与传统的简单比较方法相比,综合评价具有以下主要特点:

(1) 评价过程不是一个指标一个指标顺次完成的,而是通过一些特殊的方法将多个指标的评价同时完成的。

(2) 在综合评价过程中,一般要根据指标在其评价体系的重要性赋予不同的权数,然后进行加权处理。

(3) 最终的评价结果不再是具有具体经济含义的统计指标,而是以指数或分值的形式表示参评单位综合状况的排序。

统计综合评价的这些特点,可以避免一般比较方法的局限性,使多个指标对多个单位进行全面准确的评价成为可能。

3. 首先,要注意指标体系的全面性和系统性。全面性是指指标的选择应尽可能从不同的角度反映分析对象的全貌。系统性是指进入指标体系的各个单独指标之间要形成一定的内在联系,要求各指标间相互钩稽的关系有明确的经济内涵,具有相互验证的逻辑关系。其次,要保持评价指标体系的简洁性。尽可能地删除一些可有可无的指标。其三,要注意指标的敏感性和可行性。敏感性是指选取的指标应能比较敏感地反映分析对象的变化。可行性是指设置的指标不仅理论上是合理的,而且在资料的取得上应该可行。

4. 统计综合评价一般包括四个步骤,它们是:

(1) 选择评价指标,建立评价指标体系。这是统计综合评价的基础和依据。

(2) 搜集数据资料,进行同度量处理,以消除量纲的影响。

(3) 根据指标在评价体系中的重要性,确定各指标的权数,以保证评价结论的可靠性。

(4) 对经过处理后的指标值进行汇总,计算综合评价指数或分值,并对参评单位进行排序。

5. 一般地,指标在评价中的重要性的确定主要从以下几个方面综合判别:

第一,评价指标所包含的信息量。一个指标的综合性强,包含的信息量多,对综合评价所起的作用就大。

第二,指标的敏感性。对敏感性较强的指标应给予较大的权数。

第三,指标的独立性。在评价过程中,多数指标在评价指标体系中都会反映出相互重复的信息。如果一个指标被其他指标取代的可能性越小,它的独立性就越强,在评价中的作用也就越重要。

6. 第一,观点要明确。观点一般用判断或概念来表达。观点明确,就是指必须准确无误地表述其所包含的全部概念的内涵和外延以及整个判断的意义。这样,在选择和使用材料时,才能使材料的内容、性质、范围与观点相吻合,符合观点的要求。

第二,材料要充分。言必有据,观点确立之后必须要有充分的材料作依据,才能言之成理,令人信服。充分的材料,不但应当是客观的真实材料,而且还必须是全面地反映事物本质的典型材料。

第三,对材料要进行分析。写作分析报告与简报不同,应根据报告的目的要求,对材料进行具体的分析。但这种分析又与论文不同,它必须以反映事实为基础,让事实本身说话,在不离开事实叙述的前提下,把事实提到原则的高度进行适当的评析。

四、计算题

1. 从表中可以看出,农村居民消费支出结构发生了一定的变化,食品、衣着、燃料、文化生活服务的支出所占比重有所下降,住房和日用品等的比重有所提高。但无法知道改革开放是否使农民生活发生了质的改变。

用 χ^2 检验。

第一步,建立假设。

原假设 H_0:1984 年结构与 1978 年结构不存在明显差异;

选择假设 H_1:1984 年结构与 1978 年结构存在明显差异。

第二步,给定显著性水平 α,查 χ^2 分布表,得出其临界值。

当显著性水平 $\alpha=0.01$,自由度 $k-1=5$ 时,查表得 $x_{0.01,5}^2=15.068$。

第三步,计算 χ^2 统计量。公式为:

$$\chi^2 = \sum \frac{(I_{1i} - I_{0i})^2}{I_{0i}}$$

其中,I_{0i} 表示 1978 年第 I_{1i} 个项目比重数;I_{1i} 表示 1984 年第 i 个项目比重数,计算过程见下表。

χ^2 统计量计算表

生活消费支出项目	1978 年 I_{0i}	1984 年 I_{1i}	$I_{1i}-I_{0i}$	$(I_{1i}-I_{0i})^2$	$(I_{1i}-I_{0i})^2/I_{0i}$
食品	67.7	59.0	−8.7	75.69	1.1180
衣着	12.7	10.4	−2.3	5.29	0.4165
燃料	7.1	5.5	−1.6	2.56	0.3606
住房	3.2	11.7	8.5	72.25	22.5781
日用品及其他	6.6	11.0	4.4	19.36	2.9333
文化生活服务	2.7	2.4	−0.3	0.09	0.0333
合计	100.0	100.0	—	—	27.4398

第四步,进行比较判别,得出结论。

由于 $\chi^2=27.4398>15.068$,因此,拒绝 H_0,接受 H_1。可以认为改革开放初期农民的生活消费结构就发生了显著性变化。

2.(1)相对化处理及综合评价结果:

地区	工业增加值率	总资产贡献率	资产负债率	流动资产周转次数	成本费用利润率	全员劳动生产率	产品销售率	综合值	排序
全国	31.61	9.1	57.86	1.53	6.31	65164	98.45		
北京	0.737	0.735	1.057	1.020	0.615	1.225	1.005	0.887	19
天津	0.884	0.827	1.023	1.026	1.073	1.341	1.007	1.000	9
河北	1.130	0.866	0.912	0.987	0.756	0.722	1.006	0.918	15

续上表

地区	工业增加值率	总资产贡献率	资产负债率	流动资产周转次数	成本费用利润率	全员劳动生产率	产品销售率	综合值	排序
山西	1.194	0.551	0.938	0.621	0.542	0.452	1.001	0.763	28
内蒙古	1.159	0.610	1.002	0.850	0.328	0.598	0.999	0.792	27
辽宁	0.896	0.713	1.015	0.915	0.577	0.899	0.994	0.848	23
吉林	0.963	0.896	0.936	0.908	0.813	0.807	0.990	0.906	17
黑龙江	1.745	2.223	1.003	0.987	5.106	1.223	0.999	1.952	1
上海	0.928	0.959	1.320	0.980	1.149	2.182	1.009	1.161	5
江苏	0.836	1.001	0.988	1.203	0.693	1.121	0.996	0.969	11
浙江	0.858	1.313	1.093	1.203	1.173	1.191	0.996	1.123	8
安徽	1.060	0.934	0.975	0.941	0.677	0.686	1.006	0.909	16
福建	0.932	0.948	0.965	1.222	0.797	1.237	0.987	0.997	10
江西	0.967	0.685	0.892	0.778	0.201	0.580	0.999	0.735	30
山东	1.043	1.203	0.978	1.268	1.141	0.942	1.000	1.093	7
河南	1.055	0.776	0.894	0.837	0.469	0.552	1.001	0.809	25
湖北	1.059	0.865	0.970	0.869	0.864	0.878	0.997	0.929	13
湖南	1.154	1.102	0.879	0.837	0.610	0.812	1.010	0.935	12
广东	0.884	1.141	1.064	1.163	1.057	1.890	1.000	1.137	6
广西	1.050	0.941	0.880	0.908	0.856	0.748	0.991	0.921	14
海南	0.846	0.843	0.971	0.824	0.650	1.020	0.982	0.869	21
重庆	0.935	0.757	0.947	0.732	0.445	0.692	1.003	0.792	26
四川	1.128	0.766	0.930	0.758	0.735	0.743	1.004	0.870	20
贵州	1.138	0.863	0.968	0.569	0.789	0.597	1.002	0.863	22
云南	1.693	1.936	1.120	0.824	1.842	1.692	1.000	1.471	3
西藏	1.830	1.407	2.084	0.549	5.198	1.786	0.901	1.940	2
陕西	1.103	0.829	0.880	0.725	0.976	0.669	1.001	0.894	18
甘肃	0.998	0.560	0.879	0.732	0.038	0.649	0.995	0.691	31

续上表

地区	工业增加值率	总资产贡献率	资产负债率	流动资产周转次数	成本费用利润率	全员劳动生产率	产品销售率	综合值	排序
青海	1.276	0.556	0.800	0.516	0.704	1.116	0.973	0.830	24
宁夏	0.960	0.611	0.974	0.699	0.376	0.578	0.991	0.743	29
新疆	1.451	1.338	1.002	1.072	2.496	1.877	1.019	1.445	4
权数	0.15	0.2	0.13	0.13	0.14	0.1	0.15		

(2) 标准化处理及综合评价结果：

地区	工业增加值率	总资产贡献率	资产负债率	流动资产周转次数	成本费用利润率	全员劳动生产率	产品销售率	综合值	排序
$\bar{x}_i$	34.555	8.735	58.800	1.358	6.869	66229	98.020		
σ_i	8.352	3.423	7.809	0.308	7.435	29857	1.934		
北京	−1.348	−0.597	0.519	0.655	−0.402	0.456	0.455	−0.262	10
天津	−0.793	−0.352	0.284	0.688	−0.013	0.708	0.594	1.116	9
河北	0.139	−0.250	−0.596	0.493	−0.282	−0.642	0.527	−0.610	14
山西	0.380	−1.088	−0.370	−1.327	−0.464	−1.232	0.253	−3.848	27
内蒙古	0.248	−0.930	0.134	−0.190	−0.645	−0.913	0.176	−2.120	21
辽宁	−0.748	−0.656	0.233	0.135	−0.434	−0.255	−0.078	−1.802	17
吉林	−0.494	−0.171	−0.384	0.103	−0.234	−0.457	−0.264	−1.901	18
黑龙江	2.467	3.358	0.142	0.493	3.410	0.451	0.186	10.507	1
上海	−0.624	−0.001	1.916	0.460	0.051	2.544	0.677	5.023	5
江苏	−0.973	0.110	0.032	1.565	−0.336	0.228	−0.005	0.621	12
浙江	−0.891	0.939	0.753	1.565	0.071	0.382	0.031	2.850	7
安徽	−0.126	−0.069	−0.069	0.265	−0.350	−0.721	0.538	−0.532	13
福建	−0.611	−0.031	−0.149	1.662	−0.247	0.482	−0.419	0.688	11
江西	−0.478	−0.732	−0.772	−0.547	−0.753	−0.952	0.170	−4.064	28
山东	−0.191	0.647	−0.046	1.890	0.045	−0.162	0.222	2.404	8
河南	−0.144	−0.489	−0.757	−0.255	−0.526	−1.013	0.258	−2.926	25

续上表

地区	工业增加值率	总资产贡献率	资产负债率	流动资产周转次数	成本费用利润率	全员劳动生产率	产品销售率	综合值	排序
湖北	−0.128	−0.253	−0.113	−0.092	−0.191	−0.301	0.088	−0.989	16
湖南	0.229	0.378	−0.895	−0.255	−0.406	−0.446	0.724	−0.671	15
广东	−0.791	0.481	0.569	1.370	−0.027	1.907	0.222	3.730	6
广西	−0.163	−0.051	−0.889	0.103	−0.198	−0.586	−0.217	−2.001	20
海南	−0.937	−0.311	−0.102	−0.320	−0.372	0.007	−0.719	−2.754	24
重庆	−0.600	−0.539	−0.295	−0.775	−0.546	−0.708	0.351	−3.111	26
四川	0.131	−0.515	−0.439	−0.645	−0.300	−0.596	0.439	−1.925	19
贵州	0.169	−0.258	−0.128	−1.587	−0.254	−0.916	0.320	−2.653	23
云南	2.268	2.596	0.912	−0.320	0.639	1.475	0.238	7.807	2
西藏	2.789	1.188	3.975	−1.684	3.488	1.680	−4.835	6.600	4
陕西	0.038	−0.349	−0.890	−0.807	−0.095	−0.758	0.269	−2.593	22
甘肃	−0.361	−1.062	−0.904	−0.775	−0.892	−0.801	−0.031	−4.825	30
青海	0.691	−1.073	−1.728	−1.847	−0.327	0.218	−1.153	−5.218	31
宁夏	−0.505	−0.927	−0.076	−0.937	−0.605	−0.956	−0.217	−4.223	29
新疆	1.356	1.006	0.133	0.915	1.195	1.878	1.199	7.682	3